Friedrich Teutsch

Die Art der Ansiedelung der Siebenbürger Sachsen

Friedrich Teutsch

Die Art der Ansiedelung der Siebenbürger Sachsen

ISBN/EAN: 9783743613263

Hergestellt in Europa, USA, Kanada, Australien, Japan

Cover: Foto ©ninafisch / pixelio.de

Manufactured and distributed by brebook publishing software
(www.brebook.com)

Friedrich Teutsch

Die Art der Ansiedelung der Siebenbürger Sachsen

DIE ART DER ANSIEDELUNG

DER SIEBENBÜRGER SACHSEN.

VON

DR. FRIEDRICH TEUTSCH,

SEMINARDIREKTOR IN HERMANNSTADT.

VOLKSSTATISTIK

DER SIEBENBÜRGER SACHSEN.

VON

PROFESSOR FR. SCHULLER

IN HERMANNSTADT.

MIT EINER KARTE.

STUTTGART.

VERLAG VON J. ENGELHORN.

1895.

Die Art der Ansiedelung der Siebenbürger Sachsen.

Von

Dr. Fr. Teutsch.

Vorwort.

Die folgende Skizze will Grundstriche zu einer Siedelungskunde der Siebenbürger Sachsen geben. Sie sucht die zahlreichen kleinen Ergebnisse der Forschung zu einem Gesamtbild zu vereinigen, ohne die Einzelheiten in den Noten alle anzuführen; sie möchte ein sicheres allgemeines Bild geben, um die Grundlage zu weiterer Detailforschung zu bieten. Denn diese muss in ausgiebiger Weise noch pflügen und graben, um die Kenntnis dieser wichtigen Frage zu einer völlig befriedigenden zu machen. Sie wird es leichter können, wenn diese Grundlinien einen Rahmen für die weitere Forschung abgeben. Zur Feststellung der Einzelgruppen der Ansiedelungen, des Zusammenhangs einzelner Dörfer miteinander ist die Dialektforschung wesentliche Dienste zu leisten berufen. Im Verein mit der urkundlichen Forschung wird es gelingen, sichere Ergebnisse zu gewinnen, die heute nur für einen Teil der Ansiedelungen noch vorhanden sind.

Der Leser wird erkennen, dass ich absichtlich jeden Nebenpfad vermieden habe und dass ich, wieder absichtlich, dem Vergleich mit anderen Ansiedelungsverhältnissen ebenso aus dem Weg gegangen bin als Vergleichen der sächsischen Zustände mit fränkischen Einrichtungen. Beides wird am Platz sein, wenn wir hier erst mehr ins Detail gegangen sind und über einige weitere Ergebnisse verfügen werden.

An die Spitze der anspruchslosen Skizze aber muss ich den Ausdruck der Trauer um den verlorenen Freund stellen, Joh. Wolff, gest. 30. Dez. 1893, den wir bei der Neuaufnahme gerade dieser Arbeiten schmerzlich vermissen. Ist er doch für die Dialektforschung, für Feststellung von Sitte und Sage, besonders auch für die Agrarverfassungskunde derjenige gewesen, der bisher am tiefsten gegraben, immer wieder mit neuer Anregung unsere Wissenschaft hob und förderte und die meisten Schätze gefunden. Auch das Folgende legt Zeugnis dafür ab. So sei es mit ein Stein zu seinem Andenken!

E T. K.

Litteratur.

G. D. Teutsch und Fr. Firnhaber: Urkundenbuch zur Geschichte Sieben-
   bürgens. Wien 1857.
G. D. Teutsch: Geschichte der Siebenbürger Sachsen. 2. Aufl. Leipzig 1874.
Zimmermann und Werner: Urkundenbuch zur Geschichte der Deutschen
   in Siebenbürgen, I. 1192—1342. Hermannstadt 1892.
Joh. Wolff: Die deutschen Dorfsnamen in Siebenbürgen. Eine sprachliche
   und geschichtliche Untersuchung. (Mühlbücher Gymnasialprogramm, auch
   selbständig.) 1881.
Joh. Wolff: Deutsche Dorf- und Stadtnamen in Siebenbürgen. Ebenda 1891.
Joh. Wolff: Beiträge zur siebenb.-deutschen Agrargeschichte. Ebenda 1885.
Joh. Wolff: Unser Haus und Hof. Kulturgeschichtliche Studien aus Sieben-
   bürgen. Kronstadt 1882.
Fr. Teutsch: Beiträge zur alten Geschichte des Schenker Stuhls und der
   Markgenossenschaft im Sachsenlande. In: Archiv des Vereins für siebenb.
   Landeskunde (Vereinsarchiv citiert) 17, 526.
Fr. Teutsch: Joh. Latinus. Ein Beitrag zur Kenntnis der vorandreanischen
   Zustände. Im Programm des evangel. Landeskirchenseminars. Hermann-
   stadt 1893.
Archiv des Vereins für siebenbürgische Landeskunde. Neue Folge. 24 Bände,
   1850—1894. (Vereinsarchiv.)
Korrespondenzblatt des Vereins für siebenb. Landeskunde. 1878—1894.
   17 Jahrgänge.
J. C. Schuller: Umrisse und kritische Studien zur Geschichte von Sieben-
   bürgen. 3 Hefte, 1840—1872.
Dr. O. v. Meltzl: Statistik der sächs. Landbevölkerung im Vereinsarchiv 20.

Die Art der Ansiedelung der Siebenbürger Sachsen.

I.

Es ist für die Arbeit eines Volks, damit für die ganze Entwickelung desselben von lang nachwirkender Bedeutung, in welcher
Weise es von seinen Wohnsitzen Besitz genommen. Es wird einen
Unterschied machen, der sich bis zu Brauch und Sitte, Mundart und
Recht verfolgen, kurz im Wesen und Charakter nachweisen lässt,
ob die Stammväter eines Volks einst als Eroberer in ein Land ein-
gezogen und über einer unterworfenen Urbevölkerung ihre Herrschaft
aufrichteten oder als friedliche Bauern, die herrenloses Gut in Besitz
nahmen, den Wald rodeten und sich die Heimat erpflügten oder als
Händler mit den Warenballen vom fremden Volk erwünschtes Gut
eintauschten, ob ganze Gemeinden, ob grössere Gemeinschaften zusammen sich niederliessen oder der einzelne in die Wildnis eindrang,
dem Wald den Besitz streitig zu machen und sich die Bedingungen
des Daseins zu sichern.

Hier soll der Versuch gemacht werden, die Frage nach der Art
und Weise der Ansiedelungen der Siebenbürger Sachsen kurz zu be-
antworten.

Zunächst wird es den Weg bahnen, kurz sich zu vergegenwärtigen, wie das Land aussah, in das sie kamen.

Im Osten von Siebenbürgen, dem Seklerland, wohnten zur Zeit
der Sachseneinwanderung (Mitte des 12. Jahrhunderts) schon die Sekler,
ein magyarischer Volksstamm, der auch heute noch dort wohnt. Im
Westen und Norden sass an den Ufern des Mieresch (Marosch) und
des Szamosch eine von Ungarn eingewanderte dünne magyarische Bevölkerung, die seit Stephan dem Heiligen († 1038), mehr noch seit
Ladislaus dem Heiligen († 1095), besonders im Anschluss an das
Weissenburger Bistum, allmählich nach Siebenbürgen wanderte und
ausserdem dürften einige Bergwerksorte kleine Gemeinden gehabt
haben; die Rumänen waren damals noch nicht im Lande [1]). Insbesonders

---

[1]) Trotz einiger Einschränkungen ist doch das Ergebnis der Röslerschen
Untersuchungen im grossen und ganzen unwiderlegbar geblieben: R. Rösler,
Rumänische Studien. Leipzig 1875.

ist die ganze Mitte des Landes unbewohnt gewesen, jedenfalls nicht
von einer sesshaften Bevölkerung besetzt gewesen, ausgenommen einige
magyarische Siedlungen. Dagegen zwingen slawische Berg- und Fluss-
namen, die heute noch vorhanden sind, eine streifende slawische Bevölkerung anzunehmen, die jene Namen den neuen Einwanderern ver-
mittelte. Im übrigen war das Land hauptsächlich mit Wald bedeckt. Die
Propstei Demesch erhielt von ihren Besitzungen in Siebenbürgen noch
1138 jährlich 12 Marderfelle, 100 Lederriemen, 1 Bärenfell und
1 Auerochsenhorn [1]. Den schlagendsten Beweis für jene Ansicht, dass
das Sachsenland zur Zeit der ersten Besiedelung ein grosses mächtiges
Waldgebiet gewesen sein müsse, giebt die Thatsache, dass „unter den
sächsischen Feldnamen die Waldnamen die zahlreichsten sind“. Wenn
heute auf Aeckern und Wiesen uns Namen, zusammengesetzt mit Holz,
Hart, Loch, Strut, Hurst, Wite, Hagen u. s. f.[2]), entgegentreten, so
klingt drin die Waldwildnis nach, in die die Einwanderer einzogen
und der harte Kampf, in dem sie aus dem Waldland Kulturland geschaffen haben.

Die Frage, woher die Sachsen nach Siebenbürgen eingewandert
sind, kann heute als gelöst angesehen werden: es sind Rheinfranken
(Mittelfranken) aus dem Gebiet, das etwa in den Grenzen Düsseldorf
bis an die Lahn und Oberwesel-Aachen, einschliesslich Luxemburgs
und dem Norden von Deutsch-Lothringen eingeschlossen ist[3]). Auch
die Einwanderungszeit ist im grossen bestimmt, unter der Regierung
des Königs Geisa II. 1141—61.

Wir haben drei grössere Gruppen zu unterscheiden: die Bistritzer
(Nösner), Hermannstädter und Kronstädter (Burzenländer) Gruppe. Die
letztere ist eine Ansiedelung des Deutschen Ritterordens 1211—25 und
fällt unter einen besonderen Gesichtspunkt; die Bistritzer Gruppe ist
vielleicht vorgeisanisch, obwohl ein voller Beweis nicht vorliegt, die
Hermannstädter fällt jedenfalls unter Geisas Regierung.

Wie ist nun diese Einwanderung erfolgt?

Vocati a piissimo rege Geisa heisst es von den Einwanderern im
Andreanischen Freibrief[4]. Man hat hin und wieder an dieser Be-
rufung Anstoss genommen, wie ich glaube mit Unrecht. Es liegen ander-
wärts Parallelen vor, die ein Licht auf diese Art der Hereinberufung
werfen. Schon G. D. Teutsch macht in der Sachsengeschichte[5] darauf aufmerksam, dass die Stelle aus Helmolds Wendenchronik wie ein
Bild aus Siebenbürgen gebe: „weil aber das Land Wagrien öde war,

---

[1]) G. D. Teutsch und Firnhaber: Urkundenbuch zur Geschichte Siebenbürgens. Wien 1857. I, S. XIV.

[2]) J. Wolff im Korrespondenzblatt 1884, S. 85, und im Mühlbächer
Gymnasialprogramm 1885, S. 25.

[3]) Dr. G. Keintzel: Ueber die Herkunft der Siebenbürger Sachsen.
Bistritzer Gymnasialprogramm 1887. Dort auch die reiche Litteratur über die
vielbehandelte Frage.

[4]) Fideles nostri Theutonici Ultrasilvani ... quod penitus a sua libertate
qua vocati fuerant a piissimo rege Geisa avo nostro, excidissent. 1224. Zimmermann-Werner, Urkundenbuch S. 34.

[5]) I. Bd., S. 20.

sandte Graf Adolf von Holstein Boten in alle Gegenden, nach Flandern und Holland, nach Utrecht, nach Westphalen, nach Friesland, damit, wer immer dort Mangel an Weide oder Ackerland habe, komme mit seinem Hausgesinde, um das beste Land zu empfangen, geräumiges Land, reich an Früchten, mit Ueberfluss an Fisch und Fleisch und geeignet zur Zucht der Herden. Auf diese Rede erhob sich eine zahllose Menge von verschiedenen Stämmen und sie nahmen ihr Hausgesinde mit ihrem Vermögen mit sich und kamen in das Land Wagrien zum Grafen Adolf und nahmen das Land in Besitz, das er ihnen versprochen hatte." „Und nahmen das Land in Besitz." Wir möchten gern uns vergegenwärtigen, wie es geschehen ist.

Dass ein Gebiet von ca. 120 Quadratmeilen nicht auf einmal besetzt worden ist, das liess sich von vorne herein annehmen. Aber wir können es auch nachweisen, dass wir eine gruppenweise Ansiedelung anzunehmen haben, und zwar nicht nur die oben angedeuteten grossen Gruppen, sondern auch innerhalb der Hermannstädter Provinz. Aus den Urkunden treten uns solcher Gruppen mehrere entgegen: Die Dörfer Karako, Chrapundorph und Rams werden 1206 als primi hospites regni bezeichnet[1]; Winz und Borberek (Burgberg) erscheinen gleichfalls als eine Einheit[2]; 1192—1196 wurden die „früheren Flandrer" von späteren unterschieden und nur das Land soll zur Hermannstädter Propstei gehören, welches König Geisa „den früheren Flandrern" zugewiesen[3] — es sind die Gruppen Hermannstadt, Leschkirch, Schenk.

Damit ergiebt sich dann von selbst als weitere Gruppe einerseits der „Unterwald", westlich von Hermannstadt gelegen, dann Schässburg-Reps und die II Stühle (Mediasch-Schelk), von denen Schelk 1322 eine „nova plantatio"[4] genannt wird und die selbst wieder aus einer grösseren Anzahl kleinerer[5] Gruppen erwachsen sind. Dazu kommen die nicht auf „Sachsenboden" liegenden, ehemals unterthänigen Gemeinden des Komitatsbodens, die wieder unter sich in viele Einzelgruppen zerfallen.

Es soll hier nicht weiter ins Einzelne gegangen werden; für den weiterstehenden Leser und Forscher mag das Gesagte genügen, um die Behauptung zu beweisen, dass wir eine gruppenweise Ansiedelungsart vor uns haben. Es wird Aufgabe der Spezialforschung sein, im Einzelnen den Nachweis zu führen, welche Gemeinden innerhalb der grösseren Gruppen wieder eine kleinere Gruppe bilden; sie sind von verschiedener Grösse, zuweilen 2—3 Gemeinden umfassend, zuweilen mehr. Vor allem sind die Erstansiedelungen zu unterscheiden von den sekundären, die eine Innerkolonisation von den wachsenden Gemeinden durch Ausbau in die nichtbesetzten Teile der Mark geschaffen wurden. Es

---

[1] Zimmermann-Werner S. 10.
[2] Ebenda S. 77.
[3] Ebenda S. 2: Qui tempore, quo ipsam praeposituram constituimus, in illo tantum habitabant et erant habitaturi deserto, quod Geysa rex Flandrensibus prioribus concessit. (Der Satz wiederholt sich mehrmals in der Urkunde.)
[4] Ebenda S. 369. Doch ist das nicht wörtlich zu nehmen.
[5] Karl Werner: Vereinsarchiv 12, S. 285. und Dr. R. Theil ebenda 21. S. 233.

gehören auch dazu nicht nur Einzelgemeinden, sondern ganze Gruppen. Doch haben wir hier zunächst jene Erstansiedelungen, die ursprüngliche Besitznahme des Landes im Auge.

Eine solche Gruppe kam nun ins Land herein und erhielt durch königliche Vergabung — das Sachsenland war „Königsboden" d. h. es hatte sonst niemand Rechte daran und darüber — ein Stück Land zugewiesen. Die Grenzen sind gewiss höchst unbestimmt gewesen. Es war Land in Menge da, eine neue Gruppe fand an der früheren Anschluss und Hindernis, im Süden an den Gebirgen, am Alt u. s. f. Auch hier aber muss zweierlei unterschieden werden. Der König gab innerhalb des späteren Sachsenlandes an solche hereinkommende Gruppen Landstrecken zur Besitznahme oder an einzelue. Jene priores Flandrenses sind solche Gruppen gewesen, aber wir haben auch Beispiele für Einzelverleihungen [1]).

Fassen wir zuerst die Gruppe ins Auge. Auch für sie galt, was Tacitus von den Einzelansiedelungen der Germanen sagt, sie liessen sich nieder: ut fons, ut campus, ut nemus placuit; die natürlichen Lebensbedingungen, zu denen vor allem das Wasser gehört, waren massgebend für die Niederlassung. Waren die Gruppen grösser, so teilten sie sich sofort in mehrere Gemeinden (Dörfer), gewiss blieben die Verwandten zusammen in einem Haufen.

Das zweite wichtige Moment also ist: Die Ansiedelung erfolgte dorfweise. Nicht der einzelne ist in die Wildnis vorgedrungen und hat sich seine Farm erobert, sondern eine Anzahl Familien hat von Anfang an das Dorf gegründet.

Die Ursachen für diese Art der Ansiedelung sind unschwer zu erkennen. Der Kampf mit der Natur, mit Tieren und Menschen bot allein dann Aussicht auf Erfolg, wenn er nicht vereinzelt, sondern von der Gesamtheit aufgenommen wurde. Und noch eins kam hinzu. Wir dürfen nach allem, was wir über die Ansiedelung der Sachsen wissen, nicht daran zweifeln, dass die ganze Kolonisation zugleich den Zweck hatte, die Grenzen des Landes zu schützen [2]). Das ging nicht, wenn jeder vereinzelt seinen Wohnsitz aufschlug.

Mit der dorfweisen Ansiedelung aber war sofort die Notwendigkeit gegeben, Ordnungen für die Gemeinschaft des Lebens zu schaffen; sie haben bis zum Augenblick nachgewirkt. Der Grundgedanke war: nicht der einzelne hatte Eigentum und Rechte erhalten, sondern die Gemeinschaft, die Gesamtheit. Die gleiche Behandlung aller, die Gleichheit und Gleichberechtigung jedes Genossen ist charakteristisch und jene Gleichheit ist geradezu grossartig durchgeführt worden.

Es mag noch einmal darauf hingewiesen werden, dass es sich

---

[1]) 1206 verleiht K. Andreas II. dem Joh. Latinus terram quandam nomine Cwezfey pristaldo infideli nostro Andrea filio Theutonici Martin de Villa Vratotus hereditario jure pertinentem. Die ursprüngliche Verleihung war also an den deutschen Martin von Vratotus geschehen. Nachdem sie seinem Sohn wegen Infidelität genommen, verleiht der König das Land neuerdings an Joh. Latinus. Zimmermann-Werner S. 8; Teutsch: Joh. Latinus.

[2]) G. D. Teutsch: Sachsengeschichte I, S. 15, 17. Gust. Seiwert im Sächsischen Hausfreund 1874. Vgl. auch Vereinsarchiv 13, S. 398.

um unbewohntes Land (desertum) handelt, wo keine ortsansässige Bevölkerung zu Hörigen zu machen war.

Zunächst erhielt jeder die Hofstelle im Dorf angewiesen. Sie ist für jeden gleich gross gewesen. Noch heute ist's im sächsichen Dorf erkennbar, dass sie einst gleich waren, nicht in jeder Gemeinde wie in der anderen, hier breiter dort schmaler, aber gleich gross in derselben Gemeinde und so berechnet, dass Wohn- und Wirtschaftsgebäude Platz fänden und ein Garten daran sich anschloss.

Der „Hof" ist die Hauptsache gewesen, an ihm hing die Berechtigung auf dem Weichbild, wie in der Sprache der „Hof" das Haus an Bedeutung überragt. Der Bauer heiratet auf einen „Hof" nicht in ein Haus, kennt nur den „Pfarrhof" nicht das Pfarrhaus, wie den Edelhof u. s. f. Der „Hof" gehört dem Besitzer zu erbeigenem Besitz, er mag ihn verkaufen (natürlich nur an einen Volksgenossen, d. h. an Deutsche — auch auswärtige). — wenn er will, aber in diesem Fall verliert er auch sein Recht in der Gemeinde, das auf den neuen Besitzer übergeht. Es ist aber bezeichnend, die Gemeinde, die Gemeinschaft ist oberster Eigentümer auch des Hofes. Lässt der Besitzer ihn verfallen, „wüst" wie der Ausdruck lautet, so fällt er an die Gemeinde zurück. Noch 1715 beschliesst der Leschkircher Stuhl, „es sei in Ansehung derer wüst gelassenen Hofstellen . . . in fundo regio in denen sächsischen Orten bis dato gebräuchlich gewesen, dass die wüsten Höfe nicht erblich bleiben, sondern sobald solche wüst werden, abermal dem Dorf als freie Erde folgsam sein müssen". Nur das Gebäu soll „dem durchgegangenen Possessor oder seinen Erben anheimfallen" [1]). Ebenso fällt der Hof erbenlos Verstorbener an die Gemeinde [2]). Und so ist es überall im Sachsenland gewesen.

Der bebaute und bewohnte Hof im Dorf aber gab nun dem Besitzer die Gleichberechtigung, die Berechtigung überhaupt. damit auch das Recht auf Benutzung des Grundes und Bodens, der der Gemeinde gehörte [3]). Der Grundsatz ist: der gesamte Grund und Boden ist gemeinsames Eigentum. Der grössere Teil des gesamten Weichbildes blieb ungeteilte Feldmark. Es ist wichtig, festzustellen, was in ungeteiltem Besitz und in ungeteilter Nutzung blieb.

Zunächst Wald und Wasser. Im Andreanum von 1224 heisst es: silvam vero cum omnibus appendiciis suis et aquarum usus cum suis meatibus, quae ad solius regis spectant donationem, omnibus tam pauperibus quam divitibus libere concedimus exercendos [4]), und genau dieselbe Bestimmung „die Wälder aber und Gewässer, sowie die

---

[1]) Joh. Wolff: Haus und Hof, S. 10.
[2]) Im Statutarrecht von 1583, II, 2. § 13: Intestatorum res, qui sine legitimo haerede vel a qualibet sanguinis linea conjunctis discesserint, reipublicae rationibus vindicentur. Für Hermannstadt bestätigte dieses König Matthias 1470 als alte Gewohnheit.
[3]) In Mühlbach wurde 1782 beschlossen: Wer 2 Häuser besitze, habe Recht auf „2 Gras-Hausteilungen". Korrespondenzblatt 1885, S. 10. 1698 wurde in Hermannstadt die Bestimmung erneuert, wornach das Haus Gewähr und Bedingung des Bürgerrechts. Ebenda 1892, S. 90.
[4]) Zimmermann-Werner S. 35.

Fischteiche sollen sie gemeinschaftlich benutzen", enthält das Privileg
der Burzenländer von 1353 und 1428 [1]). Es ist nicht nur hiernach
sondern nach allem, was wir wissen, kein Zweifel, dass es an Wald
und Wasser im Sachsenland ein Privateigentum nicht gab. In Bezug
auf den Wald ist das jetzt noch der Fall. Der grosse Waldbesitz
auf Sachsenboden ist ausschliesslich Gemeindebesitz und einen Privat-
wald giebt es dort nicht [2]). Unter die Appendiciis des Waldes gehört
u. a. die Jagd (Fischfang), die Weide im Wald, die verschiedenen
anderen Nutzungen, die er gewährt. Es liegt ein gut Stück Kultur-
geschichte in der Geschichte der Nutzung des Waldes. Es soll hier
nicht ausgeführt werden, wie ursprünglich das Niederbrennen und
Abhauen des Waldes ein Verdienst, später erlaubt, dann eingeschränkt
und zuletzt verboten wurde; unsere Ortskonstitutionen sind voll von
Beschlüssen in dieser Richtung [3]).

Zur ungeteilten Feldmark gehört weiter die W e i d e. Auch hier
braucht nur darauf hingewiesen zu werden, dass die Weide bis zur
Gegenwart im Besitz der Gemeinde geblieben ist. Fast ein Viertel des
gesamten produktiven Bodens im Sachsenland ist noch ungeteilte Hut-
weide. Das Weiderecht erstreckt sich auf die ganze unverteilte Mark:
es soll davon später noch die Rede sein. Die Benutzung der Weide
stand jedem nach Belieben frei; es finden sich bis in die neueste Zeit
keine Einschränkungen dafür, wie viel Vieh z. B. ein Wirt auf die
Weide treiben durfte, jeder so viel als er hatte; im Andreanischen Freibrief fand gerade diese Auffassung ihre Stütze.

Zur ungeteilten Feldmark gehörten ursprünglich zweifellos auch
die W i e s e n. Es lässt sich schwer sagen, wann der Uebergang in
das Privateigentum stattgefunden; im 14. Jahrhundert finden sich auf
Hermannstädter Gemarkung Privatwiesen. Dem gegenüber steht aber
die Thatsache fest, dass in vielen sächsischen Gemeinden bis vor
kurzem die Zahl und Ausdehnung der Privatwiesen gering, die der
Loswiesen (auch Zehntschafts- und Hausgesellschaftswiesen genannt),
gross war. Als 1773 Kaiser Joseph II. auf seiner ersten Reise durch
Siebenbürgen sich nach den Gemeingründen in den sächsischen Gemeinden erkundigte, wurde ihm zur Antwort: „Sie werden unter den
Sachsen und Wallachen aufgeteilt und von denselben angebaut und
genutzet, ausser den Wiesen, von welchen ein Teil auf gemeine
Necessitäten der Ortschaften gemäht werden." Und auf die weitere
Frage des Kaisers, ob sie alle Jahre aufgeteilt werden, antwortet der
Gefragte: „Verschiedentlich. In einigen Ortschaften alle Jahre, in
einigen alle drei Jahre, in einigen auch länger." Mit Nutzniessung
auf den Gemeinwiesen wurden u. a. auch die Dienste der Beamten
bezahlt, wir haben aus alter und neuer Zeit die Hannenwiesen und
ähnliche Benennungen und Gewanne.

Aber auch das Erwähnte, dass in nicht wenig Gemeinden die
Privatwiesen gering waren, bestätigt die Annahme, dass die Wiesen

---

[1]) W o l f f: Agrargesch. Beiträge S. 23.
[2]) M e l t z l: Statistik der sächs. Landbevölkerung im Arch. des Vereins
f. siebenb. Landeskunde 20, S. 330 ff.
[3]) Korrespondenzblatt 1894, S. 97 u. ff.

ursprünglich nicht im Privateigentum gewesen sind. Die Aufteilung geschah in der Weise, dass die Wiese in so viele Teile geteilt wurde als berechtigte Wirte waren, dann wurden die Stücke unter ihnen verlost[1]).

Wie es mit dem Ackerland beschaffen war, das lässt sich so kurzweg bei dem gegenwärtigen Stand unserer Forschung nicht sagen. Schon aus dem bisherigen dürfte aber der Schluss erlaubt sein, dass keinesfalls die Aecker von vorneherein in Privateigentum gegeben worden sind. Eins ist nicht schwer nachzuweisen, dass es überall im Sachsenland Aecker gegeben hat, die Gesamteigentum waren und von der Gemeinde für ihre Zwecke verwertet wurden, oder auch an einzelne zur Privatnutzung hinausgegeben wurden. In Mühlbach z. B. war noch nach 1750 der grösste Teil des Hatterts Gesamteigentum und wurde „nach der Art, wie von altersher die Ordnung in den Zinstabellen observiert worden" unter die Einwohner verteilt. Ein anderes noch interessanteres Beispiel von 1694 aus dem Repser Stuhl lehrt, dass in einer Gemeinde Aecker waren, die man agros sortiarios nannte. Diese seien, spricht ein Urteilsspruch jenes Jahres, „commune bonum (Gemein-Landt) et non possessionarium et non haereditarium, nicht eigenes vätterliges erbschaft", und es wird entschieden: sie seien neu aufzuteilen unter alle, und zwar alle sechs Jahre: ut et hanc territorii partem de hinc et modo deinceps inter omnes et singulos pauperes et divites, senes et juvenes et in summa inter se, qui oneribus gravantur, aequaliter distribuant atque ita de eodem unum quemque participem reddant. Et . . . mandat ampl. senatus . . . . ut haec dispartitio inter omnes et singulos singulis sex annis fieri debeat . . .[2]).

Ob es anfangs überhaupt Privateigentum am Ackerland gegeben, ist fraglich. Noch 1651 klagt eine sächsische Gemeinde im Schenker Stuhl, Mergeln, dass dort ein Edelmann Vorrechte für sich in Anspruch nehme, „er wolle keinen Zins geben, zwemohl soviel aufm Hattert in Brauch haben in Wiesen, Ackerland, Wald, Weinbergen, wie ein ander Paur" u. s. f. Das deutet nicht auf viel Privateigentum hin und die Universität — die oberste Vertretung, zugleich Gerichtsinstanz im Sachsenland — entschied: wenn der Beklagte nicht wolle „wie andre Sassen Zins geben, gemeinen Beschwernüssen unterworfen sein, sollen die Iudices Senkenses denselben keines Freitums auffm Hattert geniessen lassen"[3]).

Und doch lässt sich nicht nachweisen, dass anfangs kein Privateigentum ausser dem Hof bestanden habe. Ich möchte annehmen, dass die hie und da noch vorhandenen „Hofteile", wie sie genannt wurden, von vorneherein oder jedenfalls früh ins Privateigentum übergegangen sind. Es gab bis vor kurzem in vielen sächsischen Ge-

---

[1]) Wolff: Agrargesch. Beiträge 50. Korrespondenzblatt 1884, S. 110; 1885. S. 119. Die interessanten Mitteilungen aus Braller ebenda 1884, S. 93: Vor 30 Jahren war die ganze Wiesenerde der Gemeinde nicht im Privateigentum, sondern das Gras wurde verlost.
[2]) Vereinsarchiv 17, 560. Korrespondenzblatt 1883, S. 89.
[3]) Vereinsarchiv 17. 563.

meinden — und nachweisbar früher in allen — Grundstücke, Aecker
(zuweilen auch Wiesen), die mit dem Hof untrennbar verbunden waren
und nur zusammen mit dem Hof verkauft werden durften. In einer
Gemeinde bei Hermannstadt (Thalheim) machten diese Hofteile
3—5 Joch Acker und 4—6½ Joch Wiesen aus, das ist so viel als
ein kleiner Wirt für die Erhaltung des Hauses brauchte, vorausgesetzt
den Anteil an der gemeinen Mark, die ihm Wald, Wasser, Weide
noch daneben zur Benutzung freigab. Demnach wäre die ursprüngliche Einrichtung die gewesen: mit dem Hof, der jedem einzelnen zu-
geteilt wurde, erhielt jeder einige Joch Acker (und Wiese?) zugewiesen,
die nur mit dem Hof in andere Hand kommen konnten, und zugleich
das Recht auf Anteil an der gemeinen Mark, in der einiges (Wald,
Weide) ungeteilt jedem zur Nutzniessung stand, anderes (Loserde, Losteile) in gewissen Zwischenräumen jedem zu gleichen Teilen zugewiesen
wurde. Zu diesen letzteren gehörten auch Aecker und Wiesen; die
„Krautgürten" sind bis in jüngste Zeit in vielen Gemeinden jährlich
(oder in Zwischenräumen) aufgeteilt worden. Auf solche, zum Hof
gehörige Grundstücke möchte ich die Stelle deuten im Erbvertrag
von 1345: excepto fundo curiae et domibus quondam ipsius Nicolai . . .
et exceptis terris arabilibus pratis seu foenilibus ad eundem unum
fundum curiae spectantibus [1]).

Dass Weg und Steg, Sand- und Lehmgruben, Steinbruch und
Sumpf zur Gemeinen Mark gehört, ist bekannt.

Aus dem bisher Gesagten dürfte zur Genüge hervorgehen, dass
die Ansiedelungen hier gruppenweise — dorfweise — erfolgten, und
dass die Gesamtheit das Land besetzte, nicht der einzelne. Wir haben
nicht bloss die Markgenossenschaft in der Gemeinde, sondern neben
dieser auch die Feldgemeinschaft [2]).

Daraus folgte, dass diese Gesamtheit Eigentümer des gesamten
Grundes und Bodens blieb, selbst der bebauten Hofstelle. Das zeigte
sich dann, wenn der Hof „wüst" wurde, wenn der Acker nicht angebaut wurde. Der wüste Hof fiel, wie oben schon erwähnt, an die
Gemeinde zurück, und zwar auch zu einer Zeit, in der es Privateigentum gab, ebenso der Acker, der nicht bebaut, das Feld, das
„wüst" liegen blieb [3]).

Die notwendige Folge ergab, dass bei solcher Auffassung der
einzelne in allem und jedem an den Willen der Gesamtheit gebunden
war. Soll die Gleichheit des Besitzes, die hier zunächst durchgeführt
war, aufrecht erhalten werden, so muss die Einzelkraft der Gesamtheit
sich unterordnen. Die Gesamtheit bestimmte, was in dieses und jenes

---

[1]) Vereinsarchiv 17, 558. Fingerzeige für die Umwandlung der Losteile
in Privateigentum giebt Georg Schuller im Korrespondenzblatt 1881, S. 73 ff.
[2]) Vgl. O. v. Meltzl: Statistik im Vereinsarchiv 20, S. 332.
[3]) Statut des Markts Agnetheln 1717: Die Baum Erber, welche bei denen
wüsten Weingürten stehn, sollen ihren Eigentümern zu geniessen gebühren, doch
mit dieser expressen Anschaffung, dass sie auch die Weingürten in 3 Jahren wieder
aufbauen mögen, wenn sie es aber unterlassen würden, so soll alsdann der Grund
mit den Bäumen dem Markt verfallen sein, doch dass das Obst dem ganzen Markt
zu gut möchte angewendet werden. Schuler-Libloy: Materialien zur Siebenb.
Rechtsgeschichte. Hermannstadt 1862, S. 167.

Feld zu säen sei, wann man süe, ernte, einführe. Es war eine Geschlossenheit des Lebens, eine Gemeinschaft aller Lebensordnungen, die man heute als unerträglich empfinden würde und allmählich gesprengt hat, aber sie allein hat das sächsische Volk, das deutsche Leben hier erhalten.

Der Grundgedanke, der gesamte Boden ist Eigentum der Kolonisten, tritt in allen jenen Lebensordnungen zu Tage. Die Dreifelderwirtschaft ist zum Teil auch ein Ausdruck dafür. Jedes Jahr liegt ein Drittel der baufähigen Fläche brach. Da weidet die Herde auf jedem Land, keiner darf es der gemeinschaftlichen Benutzung entziehen. Das geht so weit, dass wer am bestimmten Tag seine Ernte nicht eingeführt hat, derselben verlustig geht, denn wo einmal das Vieh hinkommt, da kann er sie nicht mehr schützen.

Ich bin nicht in der Lage den unwiderleglichen Beweis zu liefern, dass die Nachbarschaften und Zehntschaften in unseren Dörfern mit dieser Mark- und Feldgemeinschaft zusammenhängen, aber ich habe die Hoffnung nicht aufgegeben, dass der Beweis zu erbringen ist, wornach wir in diesen Einrichtungen in ihrer ursprünglichen Form wirtschaftliche Organisationen haben, die mit der Markgemeinschaft in Zusammenhang stehen.

Wir verstehen, wie der Sachse für Dorf — er kennt übrigens auch dieses Wort — stets den Ausdruck Gemeinde (gemin) gebraucht: ist doch eben die Gemeinschaft der Grundtypus desselben. So ist denn das Land rings um die Gemeinde, in der der Einzelne den Hof zugewiesen erhalten hat, bestimmt, ein Teil wird dem einzelnen Wirten in Besitz gegeben, in jeder Gewanne ein gleich grosser Anteil, das meiste ist gemeinsame Mark. Gerade den Thatkräftigen aber musste diese locken. Dort lag die Möglichkeit grösseren Landbesitz zu erwerben, wenn er den Wald rodete, den Sumpf austrocknete. Das ist nicht selten geschehen. Aber, es ist festzuhalten, Privateigentum erwarb der Betreffende dadurch nicht, nur Privatbesitz, solange er dort blieb. Zog er weg, so fiel es an die Gemeinde. So entschied die sächsische Universität noch 1557, so 1650 nach dem Grundsatz, was auf gemeiner Erde gebauet worden, fällt der Gemeinde anheim, wenn der Besitzer fortzieht [1]).

Der Kampf der reicher, mächtiger gewordenen Geschlechter mit den anderen konnte natürlich nicht ausbleiben. Er findet sich früh schon in den Erbgräfen. Doch soll dieser Kampf hier nicht verfolgt werden. Nur das Eine sei erwähnt, dass die Gemeinde überall, wenn auch nicht gleich, den Sieg davon getragen hat und damit die Gleichberechtigung der Genossen in der Gemeinde gerettet wurde.

II.

Aber die Ansiedelungen erfolgten nicht nur dorfweise, sondern gruppenweise. Und diese Gruppen bildeten unter- und miteinander

---

[1]) Die Entscheidung Vereinsarchiv 17, S. 559. Eine Ausnahme scheint die zu Baumgärten gerodete Erde zu machen, die 1567 zu erbreigen erklärt wird. Korrespondenzblatt 1884, S. 6.

wieder Markgenossenschaften. Was wir hier finden, ist zum Teil ein
Abbild dessen, was die Einrichtung der Gemeinde dargeboten. Jene
Markgenossenschaft zeigt sich im gemeinsamen Besitz ganzer Landstrecken, in dem Besitz einer Gemeinde auf dem Weichbild einer
anderen, in den Rechten, die die Gemeinden auf dem gesamten mark-
genossenschaftlichen Gebiet in Anspruch nehmen konnten.

An jenes Land, das die Einzelgemeinde aufgeteilt und unter
den Pflug genommen, schloss sich weiter Wald, Wiese, Ackerboden
an. Es war zunächst von niemandem besetzt, aber die Ansiedelung,
die daran angrenzte, die Gruppe, die sich daran anschloss, nahm es
für sich in Anspruch. Nahezu (vielleicht ist's möglich, bei weiterer
Forschung zu sagen:) bei allen Ansiedelungsgruppen können wir an
der Grenze derselben Prädien, Freitümer — wie sie genannt wurden —
nachweisen, die im gemeinsamen Besitz der angrenzenden Siedelungen
waren: an den Grenzen des Hermannstädter, Leschkircher, Schenker,
Schässburger, Repser Stuhles finden wir sie, und zwar ausdrücklich
als gemeinsamen Besitz mehrerer Dörfer oder des ganzen Stuhles
(der später entstandenen politischen Organisation) [1]. Hier interessiert
vor allem die Ausnutzung, zuletzt die Aufteilung dieser gemeinsamen
Marken. Die Ausnutzung bestand in der gemeinsamen Benutzung. Dann
aber war in diesen Landstrecken das Objekt weiterer Kolonisation
gegeben. Und das ist sehr wichtig. Schon im ersten Menschenalter
nach der Einwanderung rücken die Kolonisten in diese „Prädien"
(Freitümer) ein und es entstehen dort neue Dörfer, zuweilen auf Grund
besonderer königlichen Verleihung, bis der Andreanische Freibrief 1224
dieser Möglichkeit, dass der König Vergabungen innerhalb des „Sachsenlandes" vornehme, ein Ende macht [2]. Es ist statt theoretischer
Erörterungen vielleicht besser einen Fall hier mit einigen Sätzen zu
behandeln. In der Schenker Gruppe besassen Schenk, Mergeln und
Schönberg (dann auch Neustadt) ein solches Freitum, das „Smylen-
feld". Da sie es nicht ganz brauchten, gaben sie ein Stück zur Nutzniessung an Hundertbücheln, das dafür an jene eine bestimmte Abgabe zahlen musste (1507). Als der Schenker Stuhl sich gebildet
hatte, galt dieses Feld als dem ganzen Stuhl gehörig, und als später
die Seligstädter sich in den Besitz eines Teils dieser Landstrecke
gesetzt, wird entschieden, „nachdem dieselbe erd stuelsfreitum gewesen", sollen sie an den Stuhl jährlich 2 fl. zahlen. Die Zahlung
geschieht heut noch [3].

Es folgt hieraus: diese Gemeinländer sind vorhanden gewesen,
sind allmählich von den sich erweiternden Gemeinden besetzt worden,
aber das Bewusstsein des Eigentumsrechts der Gesamtheit ist damit
nicht erloschen. Für die Gemeinde selbst waren diese Freitümer
gewaltige Reserven, die bei wachsender Bevölkerung neuen Acker

---

[1] Teutsch: Latinus S. 11. Vereinsarchiv 17, 549. J. K. Schuller:
Umrisse 2, S. 112.
[2] Zimmermann-Werner S. 35. Volumus et praecipimus ut nullus
de colagionibus nostris villam vel praedium aliquod a regia maiestate audeat
postulare, si vero aliquis postulaverit, indulta eis libertate a nobis contradicant.
[3] Vereinsarchiv 17, 545.

boten, vor allem auch den Ausbau neuer Gemeinden leicht gestattete. Sie haben die Innerkolonisation ermöglicht, nachdem die erste grosse Ansiedelung, die von Deutschland kam, das Sachsenland im allgemeinen besetzt hatte.

Für das Eigentumsrecht der Gesamtheit spricht am meisten die Thatsache, dass wenn eine Gemeinde unterging — es ist leider in den harten Jahren drängender Türkennot oft genug geschehen —, das Gebiet nicht an den König fiel, nicht von diesem frisch vergabt werden konnte, sondern die Nachbargemeinden teilten die Feldmark [1]).

Für den gemeinsamen Besitz grösserer oder kleinerer Landstrecken finden sich die Beispiele in Menge: der Branisch gehörte den Hermannstädtern, Stolzenburgern und Hahnbachern, Seligstadt und Schorsch besassen in einem Wald gemeinsame Ackererde, Schönberg und Jakobsdorf am Harbach ein Stück Land, Kleinschelk, Frauendorf und Arbegen Ackerland u. a., Almen und Meschen ebenso. Der ganze Schelker Stuhl hatte einen gemeinsamen Wald vulgo Freytumb dicta u. s. f. [2]).

Der Besitz einer Gemeinde auf dem Gebiet einer anderen kommt noch im 16. Jahrhundert sehr häufig vor. Es ist nicht nötig, Beispiele dafür anzuführen [3]).

Die Rechte der Einzelgemeinden infolge jener Markgenossenschaft bestanden zunächst im Anspruch, den sie hatten, dass der Nachbar dafür sorge, dass aus seiner Ausnutzung des Grundes und Bodens dem anderen kein Schaden entstehe, was übrigens auch auf allgemeine Rechtsgrundsätze zurückgeführt werden kann. Aber es ist ein ganzes System von Bestimmungen, das als „Landrecht" den Grundsatz aufgestellt, „dass ein jeder seine Erde oder Hattert also besitzen und gebrauchen soll, damit es seinem Nachbar ohne Schaden geschehe". Eine Zusammenstellung derselben fehlt noch, würde aber auf die alte Agrargeschichte manches Licht zu werfen geeignet sein [4]).

Wichtiger ist, dass die Einzelgemeinden das bedeutende Recht der Viehweide auf dem Weichbild der anderen Gemeinden besassen, sofern sie eben eine solche gemeinsame Gruppe bildeten. Die Thatsache ist aus den zwei Stühlen (Mediasch und Schelk) aus dem Jahr 1395 bekannt [5]).

Diese Gruppen, die nun nacheinander ins Land kamen und deren ursprüngliche Schichtung die kirchliche Einteilung der Kapitel erkennen lässt [6]), innerhalb deren aber wieder eine ganze Reihe kleinerer Einzelgruppen nachweisbar sind, sind nun nicht von vorne herein mit den

---

[1]) So das Gebiet von Unterten zwischen Leschkirch und Alzen, das von Furkesdorf zwischen Mediasch und Meschen u. s. f.

[2]) Vereinsarchiv 17, 549, 551. Für das Burzenland im Privileg Sigismunds von 1428 die Bestimmung: dass sämtliche Inwohner der Stadt Kronstadt und der freien Gemeinden der Burzenländer Provinz die Freiheit haben sollen, sämtliche wo immer im ganzen Burzenland befindlichen Wälder und Gewässer und Fischteiche gemeinschaftlich zu gebrauchen. Schuler-Libloy a. a. O. S. 58.

[3]) Ebenda S. 549. 565.

[4]) Einige sind Vereinsarchiv 17, 554 f. angeführt.

[5]) Vereinsarchiv 17, 550.

[6]) Vgl. die Karte, in welche diese Kapitelseinteilung eingetragen ist.

gleichen Rechten ausgestattet gewesen. — Zeuge dessen die verschiedene Rechtslage von Karako, Chrapundorf und Rams, die Schenkung an Joh. Latinus, die verschiedene Stellung der Hermannstädter Propstei in kirchlicher Beziehung — aber sie fussten im allgemeinen auf demselben Grundsatz: freies und ausschliessliches Eigentum an Grund und Boden und damit im Zusammenhang Ordnung der Innerverhältnisse nach eigenem Ermessen, Exemption vom Komitat.

Die Verschmelzung der einzelnen Ansiedlergruppen zu e i n e m Ganzen, das die Grundlage der staatsrechtlichen „sächsischen Nation" gab, hat der Andreanische Freibrief 1224 vorbereitet, mit seiner Bestimmung, dass innerhalb der in demselben angegebenen Grenzen „universus populus . . . unus sit populus et sub uno iudice censeantur" [1]). Für die Ordnung der Innerangelegenheiten bildete die Feldgemeinschaft und Markgenossenschaft die Grundlage. Die Einrichtungen der Hermannstädter Provinz in dieser Richtung erschienen so bedeutsam, dass die Sachsen von Winz und Burgberg — auch eine jener kleineren Gruppen — das Wald-, Weide- und Wasserrecht des Hermannstädter Gaues sich durch besondere Zusicherungen überweisen liessen [2]). Für ein Bauernvolk, wie die deutschen Ansiedler es damals in Siebenbürgen ausschliesslich waren, war es eine tägliche Erfahrung, was der Woiwode bei jener Verleihung (1248) in Bezug auf Wald, Wasser und Weide aussprach: sine quorum adminiculo temporaliter vita humana non ducitur.

Und nun ist es interessant und charakteristisch, dass im selben Augenblick, in dem diese „Einheit", dieser Hermannstädter Gau gebildet wurde, dieser wieder nicht nur als politische und rechtliche Einheit erscheint, sondern als Markgenossenschaft. Nur so konnte die Vertretung — die universitas — die letzte Entscheidung in Hattertprozessen — (Hattert = Weichbild) — geben, Bestimmungen über Feldgemeinschaften und andere Fragen treffen.

Den Zusammenhang zwischen den Beamten und der alten Markgenossenschaft nachzuweisen wird die Aufgabe noch zum grossen Teil ausstehender Untersuchungen sein.

Diese neue Gesamtheit des Andreanischen Freibriefs — der Hermannstädter Gau — erhält eben in diesem Freibrief eine Schenkung, die das Gesagte bestätigt: praeter vero supra dicta silvam Blacorum et Bissenorum cum aquis usus communes exercendo cum praedictis scilicet Blacis et Bissenis eisdem contulimus [3]).

Die Schenkung ist auch für die Kolonisationsfrage von Wichtigkeit. Die Einwanderungen der Sachsen hatten die Grenze des ungarischen Reiches bis an den Alt vorgerückt; ein vorgeschobener Posten, bestimmt in die südlich des Alt gelegenen Teile vorzudringen, war die Abtei Kerz, die um 1200 gegründet worden ist. Und nun schenkte 1224 der König diesen Teil des Landes oder ein Stück davon, denn dort ist die silva Blacorum et Bissenorum zu suchen, dem Hermann-

---

[1]) Z i m m e r m a n n - W e r n e r : Urkundenbuch S. 34.
[2]) Ebenda S. 77: Urk. aus dem Jahre 1248: Omnem per omnia libertatem videlicet in silvis, pascuis et aquis . . . quam habent provinciales comitatus Scybiniensis.
[3]) Z i m m e r m a n n - W e r n e r : Urk. S. 35.

städter Gau. Es war ein Kolonisierungsobjekt wie kaum ein zweites. Dass es von den Sachsen nicht besetzt worden ist, daran ist der Mongoleneinfall schuld, der 1241—42 das Land furchtbar verwüstete, insbesondere auch die Kraft der jungen deutschen Kolonie hier auf lange lähmte.

Doch soll mit all dem Gesagten nicht die Bedeutung der Einzelkraft auch für die Kolonisation hier geleugnet werden. Die Gesamtheit setzt sich nicht nur aus den Einzelnen zusammen, sondern wir sind in der Lage, die Bedeutung der Einzelnen auch nachzuweisen. Zunächst ist nicht zufällig, dass eine ungewöhnlich grosse Anzahl unserer Dorfnamen aus Mannsnamen entstanden ist, indem an den Mannsnamen -dorf angehängt wurde, wie das Wolff in seiner tiefgehenden Arbeit über unsere Dorfnamen nachgewiesen hat. Es lebt in den meisten sicher die Erinnerung an die Führer, die die Leitung der Ansiedelung hatten, die Aeltesten, die die Gründung des Ortes bestimmten.

Diese Einzelleistung fällt besonders ins Gewicht, wenn die Ansiedelungen ausserhalb des alten „Sachsenlandes" ins Auge gefasst werden. Es liegt ungefähr ein Drittel sämtlicher sächsischen Gemeinden nicht im Sachsenland, d. h. ausserhalb der Grenze, die die politische Einheit des „Sachsenlandes" umschloss, auf dem Komitatsboden.

Die auf dem Sachsenboden herrschende Gleichheit hinderte den Einzelnen, besonders die Thatkräftigen, dort Privateigentum und Vorrechte in Anspruch zu nehmen. Um so verlockender musste es ihnen erscheinen, auf dem Komitatsboden Besitz zu erwerben, mit dem solche Vorrechte verbunden waren. Dass die Erbgräfen des 13. und 14. Jahrhunderts (das sind die sächsischen Richter nicht weniger Dörfer, die dort das Richtertum erblich für sich in Anspruch nahmen), reichen Besitz auf Komitatsboden erworben haben, das erzählt das Urkundenbuch Siebenbürgens auf Schritt und Tritt [1]). Ihnen lag daran, dort Gemeinden zu gründen, die ihr Einkommen mehrten, den Boden bauten, Zins gaben und im Notfall für sie die Waffen ergriffen. Die Gemeinden des Zekescher Gebiets, des Bulkescher und Bogeschdorfer Kapitels sind zum Teil auf diese Weise entstanden zu denken.

Aber auch in diesen Gemeinden ist die Art der Besetzung dieselbe gewesen wie im Sachsenland. Auch dort hat die Gemeinde eine ähnliche Organisation gehabt, auch dort ist der Boden, der Wald, die Weide, das Wasser, soweit nicht der Grundherr sie als Eigentum betrachtete, im Besitz der Gesamtheit, nicht des Einzelnen gewesen. Eine vollständige Hörigkeit ist erst im vorigen Jahrhundert, nicht ohne Kampf und Unrecht durchgesetzt worden. „Das Hoffeld hat das Dorffeld niemals ganz zu beherrschen, hat es nicht zu vergewaltigen vermocht, es hat die alte Feldgemeinschaft vielfach beschränkt, aber nirgends völlig vernichtet [2])."

Für die weitere Entwickelung soll nur auf eines hingewiesen

---

[1]) G. D. Teutsch: Urkundenbuch S. 23, 49, 56, 65, 70, 80 u. ö. Wolff: Dorfnamen, Nr. 49, 51, 11 (3), 66 u. ö.
[2]) Wolff: Unser Haus und Hof S. 23.

werden. Es hatte für die Markgemeinschaft, für den genossenschaftlichen Besitz eine ausserordentlich weittragende Bedeutung, als man
das römische Recht auf diese Sache anzuwenden anfing und, was bisher
Gemeinbesitz gewesen war, als Gemeindebesitz ansah, als Besitz der
juristischen Person, der Gemeinde. Auf Umwegen musste nun erst
das Anrecht der Einzelglieder der Gemeinde auf Wald, Weide u. s. f.
abgeleitet werden und — was am schwersten wiegt — nun erhielten
neben den, nach altem Recht allein berechtigten deutschen Ansiedlern,
den gleichberechtigten Wirten mit Haus und Hof, auch die inzwischen
hinzugekommenen Siedler, die noch dazu anderen Volkstums waren,
gleiche Rechte, d. h. wenn deren Kopfzahl die anderen überstieg, waren
sie in der Lage, die ehemals Alleinberechtigten rechtlos zu machen.
Die Rechtsfrage war zugleich eine soziale Frage geworden. Was ursprünglich nur auch ein Zweck des Gemeinbesitzes gewesen, die Erhaltung der Gemeinde, wurde jetzt ausschliesslicher Zweck.

III.

Es bleibt noch eine Frage zur Beantwortung übrig, die mit
jeder Kolonisation zusammenhängt, die nach den Verpflichtungen der
Kolonisten. Wenn irgend wohin Ansiedler gerufen werden, so geschieht solches ja nie oder höchst selten wegen diesen, sondern im
Hinblick auf die Vorteile, die der andere durch sie zu finden hofft.
Die Zuteilung von Eigentum u. s. f. ist dadurch mitbedingt, was für
Abgaben und Leistungen von den neuen Ansiedlern gefordert werden.
    Für die Kolonisation im Sachsenland vereinfacht sich die Beantwortung der Frage durch die Thatsache, dass hier kein Grundherr,
kein Kloster, keine Burg etwas zu vergeben hatte oder etwas zu
fordern berechtigt war, dass hier bloss der König etwas zu sagen hatte,
dass es zunächst bloss Pflichten ihm gegenüber gab.
    Diese Pflichten lassen sich auf zwei zurückführen: Steuer- und
Kriegsdienste. Auch wenn wir sie nicht wüssten, könnte man auf
diese Verpflichtungen schliessen. Der Andreanische Freibrief von 1224
fordert das eine und andere von den Sachsen der Hermannstädter
Provinz [1]: Ad lucrum vero nostrae camerae quingentas marcas argenti
dare teneantur annuatim, nullum praedialem vel quemlibet alium volumus infra terminos eorundem positum ab hac exacludi redditione, nisi
qui super hoc gaudeat privilegio speciali — und die andere Stelle
lautet: Milites vero quingenti infra regnum ad regis expeditionem
servire deputentur, extra vero regnum centum, si rex in propria persona iverit, si vero extra regnum iobagionem miserit, sive in adiutorium
amici sui sive in propriis negotiis quinquaginta tantummodo milites
mittere teneantur, nec regi ultra praefatum numerum postulare liceat nec
ipsi etiam mittere teneantur.
    Es wird nicht bestritten werden können, dass diese 1224 so klar
ausgesprochene Verpflichtung schon früher bestand, dass sie zu jenen

---

[1] Zimmermann-Werner S. 34.

gehörte, die die Sachsen bei der Einwanderung auf sich genommen. Daraus folgt, dass für jede Gruppe diese Verpflichtung in besonderer Art geregelt war. Sie bestand für das Burzenland, das Nösnerland, die zwei Stühle (Mediasch und Schelk), aber sie bestand jedenfalls auch vor dem Andreanum für die einzelnen Gruppen, die eben durch dieses Privileg zu einem Ganzen vereinigt worden sind. Wir kennen die Einzelsummen, die den Einzelgruppen auferlegt waren, nicht — das urkundliche Material aus der vorandreanischen Zeit beschränkt sich auf wenige Stücke —, aber die Thatsache steht fest [1]), ebenso die Verpflichtung zum Heeresdienst [2]). Aus dem Andreanum, zusammengehalten mit der Thatsache, dass die dort geforderte Verpflichtung der Bewirtung des Woiwoden 1206 von den Bewohnern von Karako, Chrapundorf und Rams genommen wird, möchte ich schliessen, dass die Verpflichtung zur Bewirtung des Königs und des Woiwoden auch eine allgemeine war, die im Andreanum dann nur genauer geregelt wird.

Damit sind aber auch alle Verpflichtungen der Ansiedler auf dem Boden der Hermannstädter Provinz erschöpft, soweit es sich um solche gegen andere handelt; von Verpflichtungen in ihre eigene Mitte soll noch die Rede sein.

Komplizierter wurde die Sache jedenfalls, wenn der König ein Stück Land an einzelne vergabte, die dort nun die Kolonisation vornahmen. Da ist's geschehen, dass dieser Einzelne für sich Steuerfreiheit gewann [3]), aber die Kolonisten zahlten Steuer und vom Kriegsdienst ist auch der Einzelne nicht frei geworden. Lag das erhaltene Land ausserhalb des Sachsenlandes auf Komitatsboden, dann traten auch grundherrliche Rechte und Forderungen in Kraft, die eine ausserordentliche Mannigfaltigkeit bieten. Es lässt sich aber nachweisen, dass auch diese Ansiedler in der älteren Zeit nicht Hörige waren, wie später, sondern gegen gewisse Abgaben wesentliche Rechte besassen. Doch soll das hier nicht weiter verfolgt werden.

Die Ansiedler auf Sachsenboden hatten neben den obigen Verpflichtungen vor allem noch zwei, nämlich die Zehntabgabe für den Pfarrer und Abgaben für die Kirche (und Schule).

Der Zehnten war eine Grundlast, er wurde vom Boden gegeben, und zwar erhielt der Pfarrer ihn, nicht der Bischof. Die Geschichte desselben soll hier nicht verfolgt werden [1]), es genügt die Feststellung der Thatsache, die das Andreanum für die Hermannstädter Provinz aufs neue bestätigt [5]).

Ueber die Bestiftung der Kirche in den neuen Kolonistengemeinden sind wir nur auf Schlüsse angewiesen. Keine einzige Nachricht geht

---

[1]) So nach der Urk. von 1206, die K. Andreas den Deutschen in Karako, Chrapundorf und Rams ausstellt: A collectarum etiam, quibus ulii Saxones obligantur, sint immunes pensione.

[2]) In derselben Urk. werden die Gemeinden Karako u. s. f. von der Grenzbewachung befreit.

[3]) So Latinus. Vgl. Teutsch: Latinus.

[4]) Vgl. G. D. Teutsch: Das Zehntrecht der evangel. Landeskirche A. B. in S. 1858.

[5]) Zimmermann-Werner S. 34: Sacerdotes vero suos libere eligant, et electos repraesentent et ipsis decimas persolvant.

in die älteste Zeit hinauf. Der Pfarrer hatte neben dem Zehnten au⸗ dem Hattert in der Regel doppelte, hin und wieder vier Lose zu bean spruchen [1]), aber daneben musste für die Erhaltung der Kirche selbs durch die Gemeinde gesorgt werden. Dazu diente der sogen. „Meddem" Es wurden in jeder Gemeinde der Kirche gewisse Grundstücke zu⸗ gewiesen, die an die Bewohner verteilt, von diesen allmählich als Eigentum angesehen wurden, von dem sie eine (kleine) Abgabe in Frucht an die Kirche gaben.

Später (jedoch verhältnismässig früh) [2]) trat eine Abgabe für die Schule hinzu, der sogen. Schullohn, der von jedem Wirten, ohne Rücksicht darauf, ob er Kinder hatte oder nicht, gegeben wurde, und zwar von jedem in der gleichen Höhe, auch ein Zeichen jener alten Gleichheit eine Abgabe (ursprünglich ein kleiner Kübel Korn), die heute noch zum Teil besteht.

Wie sich auf diesem festen Boden nun das Leben gestaltete, die Verfassung, die damit eng zusammenhing (Freiheit der Beamtenwahl, eigene Gerichtsbarkeit u. s. f.), wie Sitte und Brauch, die Gliederung und Organisation (Zehntschaft, Nachbarschaft, Bruderschaft, Schwesterschaft) sich entwickelte, das soll hier nicht weiter ausgeführt werden.

Ich fasse das Resultat in kurzem zusammen:

Die Ansiedelungen hier erfolgten gruppenweise und dorfweise; Feld- und Markgemeinschaft sind die Grundlagen des wirtschaftlichen Lebens gewesen. der Hof gab ausschliesslich das Recht in der Gemeinschaft, die Gesamtheit war Eigentümer des gesamten Bodens; die freien, durchaus gleichberechtigten Ansiedler waren dem König zur Heeresfolge und Steuerzahlung verpflichtet, gaben ihren selbstgewählten Geistlichen den Zehnten und zur Erhaltung von Kirche und Schule eine Abgabe, wählten sich die Beamten mit Ausnahme des Hermannstädter Königsrichters und ordneten sich ihre Angelegenheiten selber.

---

[1]) Korrespondenzblatt 1882, S. 52; 1883. S. 41.
[2]) Die Volksschule geht nachweisbar ins 14. Jahrhundert zurück. Fr. Teutsch: Die siebenb.-sächs. Schulordnungen (Mon. Germ. paed. VI) I, S. II, 571.

Volksstatistik der Siebenbürger Sachsen.

Von

Professor Fr. Schuller.

SR. HOCHWÜRDEN

HERRN DR. FRIEDRICH MÜLLER.

BISCHOF DER EV. LANDESKIRCHE A. B. IN DEN SIEBENBÜRGISCHEN
LANDESTEILEN UNGARNS etc., etc.

EHRFURCHTSVOLL ZUGEEIGNET

.

VOM VERFASSER.

Volksstatistik der Siebenbürger Sachsen.

Im allgemeinen lassen sich in Siebenbürgen drei grosse deutsche, voneinander getrennte Siedelungsgruppen unterscheiden, zwischen denen eine Anzahl grösserer oder kleinerer fremdsprachiger Inseln eingeschoben erscheinen.

Die mächtigste sächsische Siedelung, gewissermassen der Kern mit den Hauptorten Hermannstadt, Leschkirch, Grossschenk, Reps, Schässburg und Mediasch wird im Norden vom Marosch und der kleinen Kokel, im Süden vom Alt begrenzt.

Innerhalb dieser Längenausdehnung zeigt sie gegen ihre östliche Grenze — das Land der Székler — ihre dichteste Masse und grösste Breite, während sie gegen Westen zu, an Masse und Dichtigkeit immer mehr abnehmend, in romänisches Sprachgebiet übergeht. Ihre äussersten Vorposten bilden die Reussmürkter, Mühlbächer und Brooser Siedelungen.

Die zweite grosse siebenbürgisch-deutsche Sprachinsel umfasst den südöstlichsten Teil Siebenbürgens, das sogen. „Burzenland“. Ihrer Entstehung nach gehört diese Siedelung dem Anfang des 13. Jahrhunderts, also einer um ein halbes Jahrhundert späteren Zeit als die erste Gruppe, an. Hauptort des Burzenlandes ist Kronstadt. Umschlossen wird es im Norden und Osten vom magyarischen, im Süden und Westen vom romänischen Sprachgebiet. Die Verbindung zwischen dieser deutschen Insel und dem Hauptgebiete bilden die sächsischen Gemeinden in Fogarasch und Schirkanyen.

Die dritte grössere deutsche Sprachinsel befindet sich im Norden Siebenbürgens. Die Stadt Bistritz bildet den Mittelpunkt derselben. Die Sachsen wohnen hier grösstenteils ungemischt von Mettersdorf und Klein-Bistritz an südwärts bis nach St. Georgen. In den zwischenliegenden Teilen des Dobokaer Komitates kommen ebenfalls Sachsen vor, greifen bis Tekendorf und Botsch hinüber, und setzen sich durch die kleineren Inseln von Eidisch und Sächsisch-Regen im Thordaer Komitate längs der Marosch bis nach Birk fort.

Ausser in diesen drei Gebieten finden wir Sachsen mit Magyaren und Romänen gemischt in Alt-Rodna, Klausenburg, Karlsburg, Deva u. s. w.

Wie stark ursprünglich die sächsische Bevölkerung in Sieben-
bürgeu gewesen, lässt sich heute nicht angeben. Es ist sicher, dass
die Zahl der sächsischen Siedelungen (aber nicht die der Sachsen)
in früheren Zeiten grösser als heute gewesen. Zahlreiche Gemeinden,
die ursprünglich eine deutsche Bevölkerung aufweisen konnten, sind
dem Deutschtum ganz verloren gegangen. Oft deutet nur ein dem
Ortsnamen vorgesetztes „Szász" (sächsisch) oder „német" (deutsch)
darauf hin, dass in dieser Gemeinde einmal sächsisches Leben gewohnt [1]).
Die Ursachen für diese Erscheinung liegen in erster und haupt-
sächlichster Linie in den zahllosen, mit furchtbarer Grausamkeit ge-
führten Kriegen, die Siebenbürgen und die sächsischen Kolonieen über
sich ergehen lassen mussten. Der erste furchtbare Schlag dieser Art
war es, als die Mongolen 1241 in Europa einbrachen und auch Siebenbürgen heimsuchten. Die erste deutsche Ansiedelung, die ihnen zum
Opfer fiel, war Rodna, eine in einem tiefen Thale gelegene, nach einer
gleichzeitigen Aufzeichnung „grosse deutsche Stadt". Am Ostersonn-
tage, den 31. März 1241, erschien der Khan Kadan, der durch die
waldigen Thäler der Moldova und goldenen Bistriza vorgedrungen war,
plötzlich vor Rodna. In den waldumschlossenen Gebirgspässen stellten
sich die Rodnaer dem Feinde entgegen. Kadan aber, der ihre Streit-
macht sah, kehrte um und begann einen verstellten Rückzug. Da
zogen die städtischen Scharen heim, stolz auf ihren Erfolg, legten
die Waffen nieder und überliessen sich bei Festgelagen der Freude
über den eingebildeten Sieg. Das hatten die Mongolen erwartet. Eilig
kehrten sie um und drangen in die Stadt, die weder Mauern noch
Graben, noch eine andere Befestigung hatte. Es entstand ein schreck-
licher Kampf, bis schliesslich die Deutschen die Aussichtslosigkeit ihres
Widerstandes einsahen und sich Kadan auf Gnade und Ungnade ergaben.
Ueber das Wüten der Mongolen im Sachsenlande meldet eine
gleichzeitige chronistische Aufzeichnung: „Das Land der sieben Stühle
wurde gänzlich verwüstet". Am schrecklichsten hatten die Orte im
Norden, dann Kronstadt, Mühlbach und Hermannstadt gelitten [2]).
In und vor der Schlacht auf dem Brotfelde im Jahre 1479 erlag
fast die gesamte sächsische Bevölkerung der Brooser Siedelung dem

---

[1]) Der grössere Teil dieser Gemeinden gehörte nicht zum „Sachsenland",
sondern lag auf Komitatsboden. Ein anderer Teil hat entschieden einmal zum
Sachsenboden gehört und ist von diesem gewaltsam losgetrennt worden. Viele
dieser Gemeinden verdanken mächtigen sächsischen Grossen ihre Entstehung.
Ihrem Namen nach unverkennbar einst deutsche Gemeinden Siebenbürgens sind u. a.
folgende: 1. im Szolnok Dobokaer Komitat: Némethi-Szamosujvár, Szász, Szász-
Bréte, Szász-Czegö, Szász-Encze, Szász-Fellak, Szász-Máté (Matesdorf), Szász-Nyires,
Szász-Uj-Ös, Szász-Zsombor; 2. im Hunyader Komitat: Máros Némethi; 3. im Klausen-
burger Komitat: Szász-Akna, Szász Banyitze, Szász-Fénes, Szász-Péntek; 4. im Unter-
weissenburger Komitat: Szász-Patak, Szász-Ujfalu; 5. im Hermannstädter Komitat:
Sachsenhausen, Szászcsor: 6. im Fogarascher Komitat: Szász-Lupsa; 7. im Torda-
Aranyoscher Komitat: Szász-Vincze; 8. im Haromszéker Komitat: Szász-falu: 9. im
Biatritz-Nassoder Komitat: Szász Bongard; 10. im Klein-Kokler-Komitat: Szász-
Csávás, Szász-Dányán, Szász-Kis-Almas, Szász-Völgy.
[2]) Strakosch-Grassmann: Der Einfall der Mongolen in Mitteleuropa in
den Jahren 1241, 1242. Innsbruck 1893. Verlag der Wagnerischen Universitäts-
buchhandlung.

Türkenschwerte. In die leer gewordenen Wohnsitze der Deutschen rückten aus dem Gebirge Walachen (Romänen) herab. Aus dem deutschen Kastendorf entstand das walachische Kászto, aus Bürendorf Berin, aus Elsterdorf Szereka. Das Brotfeld selbst, auf dem am Anfange des 16. Jahrhunderts noch spärliche Reste einer deutschen Bevölkerung zu finden waren, hat diese heute ganz verloren.

Aehnlich wie die Brooser ist auch die Siedelung um Mühlbach durch fortwährende Kriege heimgesucht worden. Ueber drei Jahrhunderte dauern die unglückseligen Wirren, die das Deutschtum auch hier fast vernichteten. Dass in früheren Zeiten die deutschen Siedelungen am Mühlbach höher hinauf gereicht haben, beweist der Name des einst sächsischen Dorfes Szász-Csor, das die Bewohner der benachbarten sächsischen Gemeinde Petersdorf heute noch „Schlüvesdorf" nennen. Oestlich von Petersdorf befand sich früher der sächsische Ort Reichau. Im Jahre 1601 vernichteten die Horden des Woiwoden der Wallachei, Michael, die Gemeinde. Nur fünf Einwohner konnten ihr Leben retten. Aehnliche Schicksale erlitt die sächsische Siedelung Langendorf (heute Lamkérék, Lankrem) nördlich von Mühlbach.

In vielen Gemeinden ist das Deutschtum nicht ganz vernichtet worden, wohl aber in früheren schweren Tagen stark zurückgegangen.

Dass aber thatsächlich in den unglücklichen friedlosen Zeiten der Grund sowohl für den Untergang sächsischer Gemeinden als auch für den Rückgang des deutschen Elementes zu suchen sei, und nicht in der geringen Propagationsfähigkeit der Sachsen oder im allmählichen Verdrängen im friedlichen Konkurrenzkampfe durch kräftigere, lebensfähigere Elemente, beweist der Umstand, dass die sächsische Bevölkerung in Siebenbürgen seit der Zeit, wo die Herrschaft der Türken in Ungarn aufgehört hat und friedlichere Zeiten auch über das Sachsenvolk kamen, ein zwar nur allmähliches, aber regelmässiges Anwachsen zeigt.

Auch für die Sachsen gelten eben die Worte des deutschen Forschers: „Die Vergangenheit giebt uns das traurige Bild, dass Hunger, Seuche, Kriege, Verfolgung, Laster und Elend aller Art sich nicht darauf beschränken, zuweilen ein Uebermass des Volkszuwachses wegzuraffen, sondern über diese Funktion weit hinausgreifend einen immer neuen Anlauf zu geordneter Vermehrung durch immer neue Dezimierung zwar nicht ganz, aber zum grossen Teil wieder zerstörten und ein ruhiges Fortschreiten der Wohlfahrt und Gesittung, das von einem stetigen und naturgemässen Anwachsen der Volkszahl unzertrennlich erscheint, niemals durch eine Reihe von Generationen gestattet haben."

So gewiss es nun ist, es habe ursprünglich mehr sächsische Siedelungen in Siebenbürgen gegeben als heute, ebenso gewiss ist es, dass in fast allen heute noch sächsischen Gemeinden die sächsische Bevölkerung ums doppelte und dreifache höher steht als im Mittelalter. Hierdurch wird die auch in unserer Zeit noch hie und da gehörte Ansicht, die Sachsen wären einmal an Zahl unverhältnissmässig stärker gewesen, unhaltbar [1]).

---

[1]) Den Beweis hierfür bringen wir später. Für die erstere Theorie vgl. Karl Schuller: Umrisse und kritische Studien zur Geschichte von Siebenbürgen mit

Selbstverständlich haben auch die Sachsen in Siebenbürgen über
die Zeiten des Mittelalters, wie alle Länder Europas, keine Volks-
zählungsergebnisse, wie sie der heutigen Statistik zur Verfügung stehen.
Nur auf dem Wege der Berechnung lassen sich Folgerungen erzielen,
mit deren Hilfe man zu annähernd richtigen Vorstellungen über die
frühere Dichte des sächsischen Volkes gelangen kann.

Die älteste Nachricht, jedoch nur über einen Teil des Sachsenlandes, nämlich die Umgebung Hermannstadts, die sich für die Volksstatistik verwenden lässt, rührt aus dem Jahre 1468 her. In diesem
Jahre beschloss der in Thorda zusammengetretene Landtag eine ausserordentliche Steuer, zu welcher jedes Haus der sächsischen Gemeinden
der Umgebung von Hermannstadt einen Denar zahlte. Das Verzeichnis
über die eingegangene Steuer ist auf uns gekommen, und da die
Zahl der Denare zugleich die der Häuser ist, lässt sich eine annähernde
Berechnung der Landbevölkerung der Hermannstädter Gemeinden
machen [1]).

In der letzten Zeit sind zum erstenmale Zählungen des ganzen
sächsischen Volkes bezw. der Hauswirte desselben aus der Zeit des
ausgehenden 15. und beginnenden 16. Jahrhunderts bekannt geworden [2]),
die höchstwahrscheinlich in demselben Jahre vorgenommen wurden oder
mindestens nicht allzuweit der Zeit ihrer Entstehung nach auseinander-
liegen. Der Wert dieser Zählung ist ein um so grösserer, als sie, bis
jetzt wenigstens, die erste bekannt gewordene ist, die sich (wie früher
erwähnt) auf alle freien sächsischen Gemeinden Siebenbürgens erstreckt.
Die Ursache, die sie hervorgerufen hat, lässt sich genau nicht erkennen. Der Umstand, dass — geringe Abweichungen ausgenommen —
die Anordnung der einzelnen Zählungsobjekte (hospites, pauperes u. s. w.)
überall gleichmässig vorkommen, lässt jedoch auf einen, von einer
höheren Behörde, also wahrscheinlich von der sächsischen Nations-
universität ausgegangenen Zählungsbefehl schliessen. Während uns in
dieser Zählung genaue Angaben über die einzelnen Ortschaften der
Hermannstädter Siedelung und des Burzenlandes vorliegen, haben wir
über das Nösnerland und die Mediascher Gemeinden nur summarische
Ziffern, welche von einem Bistritzer Ratsschreiber aus dem Anfang des
16. Jahrhunderts herrühren. Diesem lag wahrscheinlich neben der
Zählung der Hermannstädter Siedelung und des Burzenlandes auch eine
solche der Mediascher Gemeinden und des Nösnergaues vor, aus welchen
allen er eine summarische Zusammenfassung machte. Allerdings ist
die Summierung — wie das bei mittelalterlichen Rechnungen häufig vorkommt — nicht überall richtig, dagegen stimmen aber manche Posten

besonderer Berücksichtigung der deutschen Kolonisten im Lande. Hermannstadt
1840. 1. Heft, S. 80. G. D. Teutsch: Geschichte der Siebenbürger Sachsen.
2. Aufl. Bd. I, S. 22. Fr. Maurer: Die Besitzergreifung Siebenbürgens durch die
das Land jetzt bewohnenden Nationen. Landau 1875, S. 80.
  [1]) Fr. Schuller: Zur älteren Volksstatistik der Sachsen im Sieb. deutsch.
Tageblatt, 20. Jahrg., 1893, Nr. 5880 ff. Korrespondenzblatt 1880, Nr. 7.
  [2]) Volkszählung in den 7 u. 2 Stühlen, im Bistritzer und Kronstädter Distrikt
vom Ende des 15. und Anfang des 16. Jahrhunderts mitgetheilt von Dr. Albert
Berger im Korrespondenzblatt des Vereins für siebenbürgische Landeskunde.
17. Jahrg., 1894. Nr. 5 u. 6.

so auffallend überein, dass die oben gemachte Annahme einer nicht auf
uns gekommenen Vorlage vollkommen gerechtfertigt erscheint. Dieser
Zählung zufolge liegen auf freiem Sachsenboden zunächst:
Fünf Städte und zwar 1. Hermannstadt, 2. Schässburg, 3. Mühl-
bach, 4. Kronstadt, 5. Bistritz, und zwei Märkte: Mediasch und Broos.
Es entfallen auf diese:

	Wirte	Siedler	Arme
auf Hermannstadt	951	173	—
„ Schässburg	600	20	9
„ Mühlbach	238	6	7
„ Kronstadt [1]	870	160	—
„ Bistritz	560	138	5
„ Mediasch	300	38	4
„ Broos	158	—	26

Bei der typischen Gleichartigkeit der mittelalterlichen Bevölkerung
erscheint die Uebertragung gewisser Verhältnis- und Durchschnitts-
ergebnisse von einer Stadt auf die andere, beziehentlich eine gleiche
Behandlung mehrerer unter gleichen Entwickelungsbedingungen stehen-
der Städte, wie dieses bei den sächsischen Städten Siebenbürgens der
Fall ist, nicht so bedenklich als heute, wo Gewerbe und Industrie die
Unterschiede grösser gemacht haben, und so mag es gestattet sein,
bei der Verwertung der gegebenen Zahlen dieselben in gleicher Weise
für alle sächsischen Städte zu verwenden. Mediasch und Broos sind
nun allerdings in dieser Zeit nur Märkte, gehörten also eigentlich nicht
hierher. Da aber die Verhältnisse daselbst auch um diese Zeit doch
mehr den städtischen als ländlichen gleichen, werden auch diese beiden
Märkte den Städten gleich behandelt.
Wie schon aus den oben mitgeteilten Zahlen ersichtlich ist, befindet sich auch der siebenbürgisch-sächsische Statistiker, wenn es Be-

---

[1] Bei Kronstadt lautet die Vorlage:
Item Cronne sthatt hat wird 650,
sedler ynn der statt 160,
Item dy vorsted alle drey han 890.
Die Angabe über die Anzahl der Wirte der Vorstädte von Kronstadt können wir
nicht ohne weitere Bemerkung verwerten, da in den Vorstädten Kronstadts schon
am Anfang des 16. Jahrhunderts — wie heute — nicht nur Sachsen sondern auch
Angehörige andrer Nationalitäten wohnten. Auf die Sachsen entfällt gewiss nicht
mehr als ein Viertel der offenbar die „Haushaltungen" aller Nationalitäten um-
fassenden Angabe, also rund 220 Wirte. Ich halte diese Zahl um so mehr für „annähernd" richtig, als eine noch vorhandene Zählung aus dem Jahre 1532 — Quellen
zur Geschichte der Stadt Kronstadt in Siebenbürgen. 2. Bd. Kronstadt 1889.
S. 284 — also nur 22 Jahre später in Kronstadt 986 Wirte anführt. Zieht man
in Betracht, dass seit 1526 der Bürgerkrieg in Siebenbürgen tobt, so ergibt es sich
als sehr wahrscheinlich, dass in dieser Zeit Kronstadts Häuserzahl von 1030 im
Jahre 1510 auf 986 im Jahre 1532 gesunken ist. Aehnlich wie Kronstadt zeigen
auch die andern Städte Siebenbürgens einen Rückgang; so zählt 1532:
Mühlbach nur 213 Wirte,
Mediasch nur 286 Wirte,
Schässburg nur 483 Wirte,
Broos nur 161 Wirte.
Für Hermannstadt und Bistritz fehlt jede Angabe; vgl. Quellen z. Gesch. der Stadt
Kronstadt l. c. 282—284.

völkerungsverhältnisse der mittelalterlichen Sachsenstädte klar dar-
zulegen gilt, in einer keineswegs günstigeren Lage als der deutsche
Statistiker in seinem Falle. Eine absolute Genauigkeit lässt sich aus
dem zu Gebote stehenden Material nicht erzielen. Mit Recht aber
sagt Jastrow: „Die Frage, auf deren Lösung es der Geschichts-
schreibung ankommen muss, ist nicht die genaue oder auch nur die
möglichst genaue Ermittelung der Kopfzahl einer einzelnen Stadt: weit
wichtiger als die ungefähre Feststellung der Kopfzahl ist zunächst die
Frage, ob die grossen Handelsplätze den Umfang heutiger Gross-,
Mittel- oder Kleinstädte haben, ob sie mit kleinen Landstädten ihrer
Zeit wirklich auf etwa derselben Stufe standen, oder ob sich nicht die
Unterschiede der Bedeutung auch damals in den Grössenklassen der
Städte aussprachen" [1]).

Auch wir können nur ungefähre Berechnungen geben, aber auch
diese schon zeigen oder bestätigen, was von einzelnen Städten schon
bekannt war, dass die Volkszahl in denselben keineswegs so gross als
heute gewesen, und dass nicht in demselben Verhältnisse als das allgemeine Wachstum einer Stadt stattgefunden hat, auch die Zunahme
des deutschen Elements geschehen ist.

Der Grundbegriff, mit dem wir zur Eruierung der mittelalterlichen
sächsischen Städtevolkszahl zu operieren haben, ist der „hospes". Er
ist gleichbedeutend mit dem „Hausvater", mit dem Vorsteher einer
Haushaltung. Die Anzahl der „hospites" bedeutet für uns mithin die
Anzahl der Hausväter oder Haushaltungen. Zu diesem treten hinzu
die „inquilini" (Siedler) und die „pauperes" (Armen). Auch diese
können wir nicht anders als Vorsteher einer Haushaltung ansehen.
Für unsere Berechnung werden sie genau wie die „Hausväter" in Betracht gezogen.

Wie in Deutschland, so hat man auch für die sächsischen Städte
Siebenbürgens des Mittelalters und der zwei darauffolgenden Jahrhunderte eine Haushaltung zu fünf Köpfen angenommen, „eine Annahme," sagt K. Albrich in seiner Arbeit: „Die Bewohner Hermannstadts im Jahre 1657" [2]), „welche mit Rücksicht darauf, dass die Bevölkerung fast ausnahmslos eine gewerbliche war, was doch eine grosse
Zahl von Hilfsarbeitern voraussetzt, nicht als zu hoch betrachtet werden
kann".

Damit sind wir an demselben Reduktionskoëffizienten angelangt,
wie er in Deutschland für die mittelalterlichen Städte meist in Anwendung gekommen ist [3]). Den Haushalt zu fünf Personen gerechnet
ergiebt eine Bevölkerung:

---

[1]) J. Jastrow: Die Volkszahl deutscher Städte zu Ende des Mittelalters und
zu Beginn der Neuzeit. Historische Untersuchungen, Heft 1. Berlin 1886, S. 5.
[2]) Archiv des Vereins für siebenb. Landeskunde. Neue Folge. 13. Bd., S. 260.
[3]) Vgl. hierzu Jastrow a. a. O. S. 45. Rümelin: Zahl und Arten der
Haushaltungen in Württemberg nach dem Stande der Zählung vom 3. Dez. 1864,
in den württ. Jahrb. für Statistik und Landeskunde. Jahrg. 1865, S. 192.

1. für Hermannstadt [1]) von . . . . 5 620 Seelen
2. „   Schässburg von . . . . 3 140   „
3. „   Mühlbach von . . . . . . 1 255   „
4. „   Kronstadt [2]) von . . . . . . 4 930   „
5. „   Bistritz von . . . . 3 515   „
6. „   Mediasch von . . . . 1 710   „
7. „   Broos von 920   „

Sämtliche Städte und die zwei Märkte Mediasch und Broos haben mithin eine Bevölkerung von 21 080 Seelen.

Der städtischen Bevölkerung steht die Landbevölkerung der freien sächsischen Gemeinden gegenüber, die sich im Anfang des 16. Jahrhunderts auf ungefähr 180—190 Dörfer verteilt.

Schon in der ältesten Zeit nach der Einwanderung der Sachsen in Siebenbürgen schlossen sich zu grösserem Schutze nach aussen und zur besseren Rechtspflege mehrere territorial näher gelegene Gemeinden zu einem Ganzen aneinander, die je einen Gerichts- und Malstättensprengel bildeten. König Andreas II. hob diese einzelnen Gerichtssprengel auf und vereinigte alle deutschen Ansiedler der Hermannstädter Hauptgruppe zu einem Volke, deren Gebiet von nun an der „Hermannstädter Gau" oder die Hermannstädter Provinz genannt wird. Mit der Zunahme des deutschen Volkselementes in dem Gau treten auch die alten Malstättensprengel, die vielleicht überhaupt nie ganz zu existieren aufgehört hatten, wieder auf, und zwar führen sie nun den Namen „sedes, Stühle". Solcher Stühle zählt der Hermannstädter Gau seit dem Anfang des 14. Jahrhunderts sieben, wobei der Hermannstädter Stuhl nicht mitgezählt wurde. Um dieselbe Zeit bilden auch Mediasch und Schelk unter dem Namen der zwei Stühle ein Gemeinwesen. Die nördliche (Nösnergau) und südöstliche deutsche Pflanzung (das Burzenland) in Siebenbürgen bildeten jede Gruppe für sich ein grösseres Gemeinwesen, ohne jede Unterabteilung, zeigen mithin auch keine Stuhlsbildung. Zu diesen Gebieten gehörten in dem Zeitraume, den wir hier behandeln, auch die freien sächsischen Gemeinden Winz und Burgberg am Marosch mit einigen Dörfern, und im Norden Siebenbürgens Rodna.

Das gesamte freie Sachsentum Siebenbürgens verteilte sich somit auf folgende Gebiete:

	Gemeinden	Einwohnern [3])
1. Hermannstädter Stuhl (ohne Hermannstadt) mit . .	19	5 076
2. Schässburger Stuhl (ohne Schässburg) mit	19	5 432
3. Mühlbacher Stuhl (ohne Mühlbach) mit	5	1 008
4. Schenker Stuhl mit	21	3 852

---

[1]) Bis zur Zeit Josephs II. hatten nach dem Kolonialrecht des Mittelalters die Sachsen in Siebenbürgen das ausschliessliche Eigentumsrecht an den ihnen von den ungarischen Königen verliehenen Boden. Kein anderer als ein Deutscher konnte mithin auf dem sogenannten „Königsboden" Grund oder Hauseigentum erwerben. Erst unter Joseph II. wurde die „Concivilität" eingeführt, womit auch den übrigen Nationen das Recht auf Grund oder Hauseigentum in den sächsischen Städten und Dörfern zugestanden wurde.

[2]) Auf eine Haushaltung in den Vorstädten Kronstadts rechne ich nur 4 Personen, da das Leben daselbst auch heute noch in vielen Beziehungen mehr dem ländlichen als städtischen ähnlich ist. Vgl. hier S. 29 [29] Note 1.

[3]) Zum Vergleiche führe ich hier einige Berechnungen der Volkszahl deutscher

5.	Repser Stuhl mit	17	3372
6.	Reussmärkler Stuhl mit	10	1816
7.	Leschkircher Stuhl mit	12	1496
8.	Brooser Stuhl (ohne Broos) mit	10	2008
9.	Die zwei Stühle (ohne Mediasch) mit	25	1710
10.	Das Burzenland (ohne Kronstadt) mit	13	6664
11.	Der Nösnergau (ohne Bistritz) mit	26	5800
12.	Rodna und Umgebung mit	—	808
13.	Winz und die dazu gehörigen Orte mit	6	1712

Das Sachsenland zählte somit eine ungefähre ländliche Bevölkerung von 47180 Seelen. Rechnen wir hiezu noch die städtische
Bevölkerung mit 21080 Seelen, so ergiebt sich für das Ende des
16. Jahrhunderts eine Gesamtbevölkerung des freien Sachsenbodens von
68160 Seelen.

Zu diesen freien sächsischen 180—190 Landgemeinden wären
hier noch etwa 40—50 Dörfer mit vorwiegend sächsischer Bevölkerung
hinzuzuzählen, die bis zum Jahre 1848 unterthänig waren. Da wir
aber für diese gar keine statistischen Daten haben, konnten sie hier
nicht berücksichtigt werden.

Städte um diese Zeit an: O. Richter hat für Alt-Dresden, vor dem grossen Brande
von 1491, 4889 Seelen berechnet. (Zur Bevölkerungs- und Vermögensstatistik
Dresdens im 15. Jahrhundert im „Neuen Archiv für sächsische Geschichte und Alter-
tumskunde" 2. Bd. [1881], S. 273 ff.). Für Basel hat O. Schönberg die Bevölkerung
für die Mitte des 15. Jahrhunderts berechnet und folgende Resultate erhalten:

Weltliche Bevölkerung Basels.

	Haushaltungen	Personen
a. 1446.	3000	9000—12,000
a. 1454.	2100	6300— 8400
a. 1471—1475.	2250	6750— 9000

Zu diesen Zahlen ist noch die Geistlichkeit, die nach Schönberg höchstens
200 Köpfe zählt, hinzuzurechnen. Jastrow a. a. O. S. 53.

[1]) Auch für die ländliche Bevölkerung sind wir auf Berechnungen angewiesen, da wir auch hier nur die Zahl der „Wirte" kennen. Selbstverständlich
muss man für eine ländliche Haushaltung eine andre Reduktionsziffer suchen,
als es die ist, die wir für eine „städtische Haushaltung" angenommen haben. Bis
jetzt hat man für einen sächsischen ländlichen Haushalt 4 Seelen angenommen.
Im grossen und ganzen scheint „4" der richtige Reduktionskoeffizient für eine
bäuerliche Haushaltung zu sein. Gehen wir nämlich von modernen Verhältnissen
aus, was sich wenigstens in so weit rechtfertigen lässt, als die ländlichen Zustände
von heute denen des Mittelalters gewiss viel näher stehen, als dieses bei den
städtischen der Fall ist, so gelangen wir fast zur selben Zahl. Als Durchschnitts-
zahl ergiebt sich nämlich für eine moderne ländliche Haushaltung 4,2 Seelen. Der
Weg, auf den ich zu dieser Zahl gelangt bin, ist kurz folgender: ich habe bei
4 (sine ira et studio) herausgegriffenen sächsischen Gemeinden (Gierelsau, Michelsberg, Grossscheuern, Heltau) die sächsische Bevölkerung mit der Anzahl der von
ihnen gebildeten Haushaltungen in Beziehung gesetzt. Da ergiebt sich für Gierelsau
(438 sächsische Einwohner und 98 Haushaltungen) für eine Haushaltung 4.4 Seelen,
für Michelsberg (1000 sächsische Einwohner in 210 Haushaltungen) für eine Haushaltung 4,76 Seelen, für Grossscheuern (1185 sächsische Einwohner in 295 Haushaltungen) für eine Haushaltung 4,01 Seelen, für Heltau (2275 sächsische Einwohner
in 642 Haushaltungen) für eine Haushaltung 3.5 Seelen. Zieht man aus diesen
4 Durchschnittszahlen das Mittel, so erhält man 4,2, also 0,2 mehr, als ich oben als
Reduktionsziffer annehme. Erwägt man die grössere Kindersterblichkeit im Mittelalter, so dürfte die angenommene Reduktionsziffer annähernd richtig sein.

Bevor wir uns der neueren und neuesten Statistik des siebenbürgisch-sächsischen Volkes zuwenden, erscheint es notwendig, einige Worte über das Material, das ihr zu Grunde gelegt wurde, vorauszuschicken.

Die erste genauere Volkszählung, die im wesentlichen auch mit der Steuerbeschreibung ihrer Zeit übereinstimmt, und somit auf ihre Richtigkeit geprüft werden kann, ist im Jahre 1765 entstanden [1]) und bezieht sich allein auf die Deutschen, welche dem evangel. Augsb. Bekenntnis angehörten. Sie war aus dem gemeinschaftlichen Wunsche der geistlichen und weltlichen Universität hervorgegangen und von den Pfarrern der einzelnen sächsischen Gemeinden vorgenommen. Wohl hat es dann in der Folge der Zeit nicht an Konskriptionen gefehlt, die von höchster Stelle angeordnet wurden, doch lassen sich dieselben, da sie immer nur besonderen Absichten dienten, für unsere Zwecke nicht verwenden [2]). Erst im Jahre 1850 kam es in Siebenbürgen zu einer auf breiterer Grundlage angelegten Zählung [3]). Ihr folgte sieben Jahre später eine abermalige Zählung und förderte ein reiches Material zu Tage, das in den Arbeiten der k. k. Zentralkommission der administrativen Statistik in Wien seine Verwendung fand [4]). Seit 1857 haben noch drei Volkszählungen (1870, 1880, 1890) in Ungarn stattgefunden, welche sämtlich die ungarische Regierung anordnete und durchführte. Prüfen wir alle diese Volkszählungen für unseren Zweck, so müssen wir gestehen, dass sie unseren Wünschen nicht entsprechen. Die erste Zählung von 1765 zeigt noch in manchen Beziehungen den mittelalterlichen Standpunkt, führt Hausväter und Hausmütter nicht getrennt voneinander an, und zeigt nicht überall die gleichen Rubriken. Immerhin können wir aus ihr wenigstens die Grösse der absoluten sächsischen Bevölkerung erkennen.

Die staatlichen Volkszählungen aber liefern, mit Ausnahme der von 1850, über die Nationalität der Bevölkerung keinen Aufschluss. Als ein besonders günstiges Geschick muss man es da betrachten, dass anlässlich der 1857er Zählung die damalige Statthalterei in Hermann-

---

[1]) Statistisches Jahrbuch der evang. Landeskirche A. B. im Grossfürstentum Siebenbürgen. 3. Jahrg. Hermannstadt 1870. Ueber ihre Entstehung sagt das Kirchenbuch von Halvelagen a. u. O.: „Cum anno 1765 casu nescio, quo acciderit, ut inclytae nationi in Transsilvania Saxonicali hostes illius famam detraxerint et quidem apud caes. regiam majestatem, de eorumque numero nimis exiliter abjecteque sensierit, quod videlicet nimis paucitas ejus sit, tota cum politica tum ecclesiastica universitas consultum esse existimavit, ut quilibet pastorum animas ad ecclesiam spectantes accurate conscribendas putaret."

[2]) Solche Konskriptionen erfolgten auf Befehl des Kaisers Joseph II. 1786 und 1787: „Im Jahre 1794 veranstaltete die Provinzial-Landesbuchhaltung von Siebenbürgen auf Grund der Steuertabellen eine Zusammenstellung. Eine neuere Erhebung der Volkszahl geschah in den Jahren 1829 und 1831, sie umfasste jedoch mehrere Bezirke gar nicht." Vgl. Alb. Bielz, Handbuch der Landeskunde Siebenbürgens. Hermannstadt 1857, S. 147.

[3]) Bielz a. a. O. S. 147—148.

[4]) Prof. H. J. Schwicker: Statistik des Königreichs Ungarn. Stuttgart 1877. S. 75, und Oskar v. Meltzl: Statistik der sächsischen Landbevölkerung in Siebenbürgen. Archiv des Vereins für siebenbürgische Landeskunde. Neue Folge. 20. Bd, S. 221.

stadt zu ihrem Amtsgebrauch auch die Nationalität der Bewohner
Siebenbürgens erheben liess.

Auch die letzte staatliche Volkszählung des Jahres 1890, die die
Bevölkerung Ungarns auch den Nationalitäten nach anführt, lässt sich
hier nicht verwenden, da sie kein richtiges Bild über die nichtmagya-
rischen Nationalitäten giebt.

So hat denn auch mir, wie dem Verfasser der Statistik der
sächsischen Landbevölkerung in Siebenbürgen, O. v. Meltzl, das eigent-
liche Material für die vorliegende Arbeit, die zu Anfang jedes
Jahres von den Seelsorgern jeder einzelnen Pfarrgemeinde an das
Landeskonsistorium der evangel. Landeskirche in Siebenbürgen ein-
gesendeten amtlichen Ausweise über den Stand der evangel. Bevölkerung im vorausgegangenen Jahre geliefert. Zu diesem Vorgehen hielt
ich mich umsomehr berechtigt, als es meine Aufgabe ist, über die
Volksbewegung der Sachsen zu schreiben. Evangelisch aber und sächsisch ist in Siebenbürgen fast gleichbedeutend[1]). Solche Gemeinden,
die zur evangel. Landeskirche gehören, deren Angehörige aber den
Magyaren oder einer anderen Nationalität zugerechnet werden müssen,
haben selbstverständlich hier keine Aufnahme gefunden. In den Städten
deckt sich allerdings nicht immer die evangel. Konfession mit dem
Sachsentum. Jedenfalls ist aber der Fehler, der durch mein Verfahren
begangen wird, nicht grösser, als wenn ich für die Städte die 1890er
Volkszählung zu Grunde gelegt hätte. Ueberdies hätte ich für das
Jahr 1880, da die staatliche Zählung dieses Jahres die Nationalitäten
nicht berücksichtigt, erst recht die Ausweise der evangel. Pfarrämter
zu Rate ziehen müssen.

Fassen wir nun zunächst die sogen. faktische Zunahme des
sächsischen Volkselementes in dem längsten Zeitraume, über welchen
uns Daten zur Verfügung stehen, ins Auge, nämlich in der Periode von
1765—1890.

Heute verteilt sich die ganze sächsische Bevölkerung auf 241 Orte,
wovon 227 Landgemeinden sind, die übrigen 14 aber den Städten oder
Ortschaften mit vorwiegend städtischem Charakter zuzurechnen sind.
Die Zahl der heute von den Sachsen bewohnten Ortschaften mit derjenigen verglichen, die wir für das beginnende 16. Jahrhundert fest-
gestellt haben, zeigt somit ein Anwachsen von 44 Gemeinden. Dieses
ist nun nicht so zu verstehen, als ob die Zahl der sächsischen Gemeinden seit jener Zeit thatsächlich um 44 zugenommen hätte. Es
bestanden vielmehr, wie früher erwähnt, alle Orte schon damals, nur
lagen sie nicht auf freiem sächsischen, sondern auf Komitatsboden.
Oben aber haben wir stets nur von den ersteren gesprochen, und
zwar geschah dieses aus dem oben bemerkten Grunde, weil wir für
die auf Komitatsboden gelegenen sächsischen Orte gar keine Nach-
richten haben, die zu verwenden waren. Im Jahre 1765 wiesen die 241 sächsischen Orte eine Bevölkerung
von 120 860 Seelen auf. Davon entfielen auf die Städte (mit Ein-
schluss von Klausenburg, Karlsburg, Fogarasch, Enyed und Thorda)

---

[1]) v. Meltzl a. a. O. S. 224 ff.

25 660 Seelen, auf die Landbevölkerung 95 000 Einwohner. Im Jahre 1890 betrug die sächsische Gesamtbevölkerung 195 359 Seelen, davon gehörten zur Stadtbevölkerung 44 287, zur Landbevölkerung 151 072 Seelen. Das Wachstum der gesamten Bevölkerung in dem Zeitraum von 125 Jahren beträgt mithin 74 499 Seelen, d. i. 61,64 °/o, was einer jährlichen Zunahme von 0,49 °/o oder nach der Formel $Z = 100 \sqrt[n]{\dfrac{P_1}{P}} - 1$ einer solchen von 0,38 °/o gleichkommt[1]).

Das Verhältnis, in welchem die Land- und Stadtbevölkerung zugenommen hat, ist nicht unwesentlich verschieden. Während die Städte ihre sächsische Einwohnerzahl um 18 627 vermehrt haben, in Prozenten 72,59 °/o, also um 0,58 °/o, oder n. j. F. 0,44 °/o jährlich gestiegen sind, beträgt das Wachstum der bäuerlichen Bevölkerung nur 56 272 Seelen — in Prozenten ausgedrückt 58,69 °/o, — was eine jährliche Zunahme von 0,47 °/o, n. j. F. 0,37 °/o ergiebt. Bezüglich der Landbevölkerung ist nun allerdings zu erwägen, dass der Ackerbau immer nur ein langsames Wachstum zulässt.

Die Erträge des Ackerbaues sind, wie Fr. Ratzel treffend bemerkt, nur bis zu einem gewissen Grad zu steigern, der Boden kann über ein bestimmtes Maass nicht geteilt werden. In der Abneigung gegen Bodenteilung liegt der Rückgang deutscher Bauernschaften wesentlich begründet. Die reinsten Ackerbaugebiete sind in Deutschland diejenigen, wo die Bevölkerung, wiewohl dünn gesät, am langsamsten zunimmt. In dieser ohnehin trägen Bewegung lassen vorübergehende Störungen des Betriebes tiefe Spuren. Fast alle von den 53 Arrondissements Frankreichs, welche Rückgang der Bevölkerung seit 1801 zeigen, liegen in den Ackerbaugebieten [2]).

Die hier von Fr. Ratzel für den Rückgang deutscher und französischer ländlicher Bevölkerung geltend gemachten Momente finden auf das sächsische Volk in Siebenbürgen sowohl im einzelnen wie im ganzen ihre Anwendung. Auch der siebenbürgisch-sächsische Bauer zeigt sich wenig geneigt, seinen Boden durch allzu grosse Teilungen zu zersplittern und Störungen aussergewöhnlicher Natur, wie Pest

---

[1]) In dieser Formel bedeutet
    Z = Zunahme.
    n = Anzahl der Jahre.
    $\dfrac{P_1}{P}\Big\{$ = absolute Bevölkerung am Schlusse und Anfang der betreffenden Periode.

Obige Formel, die in den Neumannschen „Beiträgen zur Geschichte der Bevölkerung in Deutschland seit dem Anfange dieses Jahrhunderts", und zwar im 3. Bande derselben meines Wissens zum erstenmal zur Anwendung gelangt ist, entspricht dem Wesen der statistischen Berechnung mehr als die bisher übliche Art der Berechnung bei Betrachtung grösserer Perioden und wird hoffentlich sich immer mehr Eingang verschaffen. Aus diesem Grunde sind hier alle Berechnungen, wenn sie sich auf längere Zeiträume erstrecken, neben der alten Methode auch nach dieser Formel geschehen. Als Abkürzung dieser Formel wird hier die Bezeichnung: n. j. F. angewendet.

[2]) Friedrich Ratzel: Anthropogeographie. 2. Teil. Die geographische Verbreitung des Menschen. S. 307.

und Typhusepidemieen, Not-, Hungerjahre und Krieg haben auch im
letzten Jahrhundert Siebenbürgen nicht verschont, sondern hemmend
in eine regelmässige Zunahme des sächsischen Volkselementes ein-
gegriffen.

Vergleichen wir indessen das Wachstum des sächsischen Volkes —
soweit dies möglich ist — mit der Gesamtbevölkerung Ungarns, so
erweist sich ersteres noch immer günstiger als letzteres. In Ungarn
hat nämlich die Bevölkerung in dem Zeitraum von 1820—1885 nur
um 28,28 % oder jährlich um 0,43 % zugenommen, denn es lebten
dort nach Brachelli [1]):

$$1820 \ldots\ldots 12\,880\,000$$
$$1885 \ldots\ldots 16\,600\,000$$

Der jährlichen Zunahme Ungarns mit 0,43 % steht die des
sächsischen Volkes mit 0,49, der sächsischen Landbevölkerung mit
0,47 % gegenüber.

Ebenso finden sich auch im Deutschen Reiche Gebiete, die sich
weniger günstig entwickelt haben, als die sächsische Bevölkerung.
Allerdings ist der Zeitraum, der uns zur Vergleichung zu Gebote
steht, nicht so gross als der, welchen wir hier für das Sachsenland
verwendet haben.

Die Grösse der Bevölkerung war nämlich in:

	1825	1885
Mecklenburg-Strelitz [2])	79 967 Seelen	98 371 Seelen
Waldeck, Lippe und Schaumburg-Lippe	172 071 „	216 991 „
Elsass-Lothringen	1 375 481 „	1 564 355 „

Es betrug somit der Zuwachs in 60 Jahren in:

	%	jährl. %	% n. j. F.
Mecklenburg-Strelitz	23,02	0,38	0,35
Waldeck, Lippe u. s. w.	26,10	0,43	0,39
Elsass-Lothringen	13,73	0,23	0,21

Von Staaten, welche ausserhalb Deutschlands liegen, zeigt nur
Frankreich eine schwächere Zunahme als die Sachsen in Siebenbürgen.
Man zählte in

	1821	1881
Frankreich (I.) mit Elsass-Lothringen		
ohne Savoyen und Nizza	30 462 000	ca. 38 470 000
Frankreich (II.) ohne Elsass-Lothringen		
mit Savoyen und Nizza	29 870 000	„ 37 670 000

so dass die Steigerung betrug in:

	%	jährl. %	% n. j. F.
Frankreich I. (60 Jahre)	26,30	0,43	0,39
Frankreich II. (60 Jahre)	23,11	0,38	0,38

---

[1]) Brachelli: Die Staaten Europas. Brünn 1887.
[2]) Dr. A. Markow: Das Wachstum der Bevölkerung und die Entwickelung
der Aus- und Einwanderungen, Ab- und Zuzüge in Preussen und Preussens einzelnen Provinzen etc., in Jul. Fr. Neumann, „Beiträge zur Geschichte der Bevölkerung in Deutschland seit dem Anfang dieses Jahrhunderts". 3. Bd., S. 18 ff.

Die auch heute noch vorwiegend sächsischen Charakter tragenden
Städte weisen folgende Zunahme auf:

Städte mit vorwiegend sächsischem Charakter	1765	1890	in %	Jährliche Zunahme	
				n. d. a. Berechnung	n. j. F.
Hermannstadt	6 577	10 382	57,85	0,46	0,35
Kronstadt	7 107	7 546	6,17	0,05	0.04
Schässburg	3 662	4 956	35,33	0,28	0,24
Bistritz	2 604	4 793	84,06	0,67	0,49
Mediasch	2 089	3 032	45.14	0,36	0,29
Sächsich-Reen	1 528	2 024	32,46	0,26	0,22
Mühlbach	908	2 019	122,35	0,98	0,64
Broos	504	1 001	98,61	0,79	0,55

Nach ihrer jährlichen Zunahme geordnet nimmt Mühlbach die
erste Stelle ein; dann folgen: Broos, Bistritz, Hermannstadt, Mediasch,
Schässburg, Sächsisch-Reen und schliesslich Kronstadt.

Die grösste Zunahme des Deutschtums in den sächsischen Städten
zeigt in diesem Zeitraume Mühlbach und Broos. An beiden Orten
rührt jedoch dieselbe nicht von einer sogen. natürlichen Vermehrung
her, sondern ist die Folge von Einwanderungen aus dem deutschen
Mutterlande.

Seit dem Jahre 1770 sind nämlich aus einer Reihe von Gemeinden des Rheines in und bei dem sogen. Hanauerland, in denen
1770 grosse Ueberschwemmungen des Rheines stattgefunden haben,
wo überdies schon früher her Misswachs und Teuerung herrschten, viele
deutsche Familien nach Siebenbürgen eingewandert. Sie haben sich insbesondere in solchen sächsischen Gemeinden niedergelassen, in denen
das Deutschtum durch die vielen Kriege stark zurückgegangen war; so
hauptsächlich in Mühlbach [1]). Sowohl die Namen der Ankömmlinge
daselbst wie auch die Grösse des Feldgrundes, der ihnen zugewiesen
wurde, sind bis auf unsere Zeit gekommen. Es waren 49 Familien
mit 89 Kindern, die damals gleichzeitig angesiedelt wurden. „Im
ganzen erhielten sie in verschiedenen Feldern an urbarem Grunde zu
115 Kübeln je zwei Viertel Aussaat und an urbar zu machendem
Grunde zu 12 Kübel Aussaat, ferner jeder auch Flachs- und Hanfländer
zu einem Viertel Aussaat, ein Joch Wiesengrund, eine Hofstelle, einen
an diese stossenden Krautgarten, und endlich auch alle zusammen
zunächst vorschussweise zum Lebensunterhalt 11 Kübel und drei Viertel
Korn."

Von den neuen Bewohnern Mühlbachs waren 31 Feldbauern,
1 Gärtner, 1 Zimmermann, 2 Tischler, 2 Schneider, 1 Bartscherer,
3 Leineweber und 6 Witwen. Viele der Einwanderer haben indessen

---

[1]) Mühlbächer Gymnasial-Programm vom Jahr 1883/4. Die Durlacher und
Hanauer Transmigranten in Mühlbach; ferner Korrespondenzblatt des Vereins für
siebenbürgische Landeskunde, 9. Jahrg., Nr. 1, 2; 10. Jahrg., Nr. 11; 11. Jahrg.,
Nr. 4, 6, 10, 12; 12. Jahrg., Nr. 4, 5, 6.

später Mühlbach verlassen und sich über das ganze Sachsenland zerstreut.

Die Einwanderung nach Broos erfolgte im Jahre 1846, wo 150 württembergische Ansiedler sich daselbst niederliessen.

Die sogen. faktische Zunahme des sächsischen Volkselementes in den Zeiträumen von 1765—1851 und 1851 bis 1880.

Da in einem so grossen Zeitraume, wie in dem, mit welchem wir oben operiert haben, störende Einflüsse auf eine regelmässige Zunahme mit Gewissheit vorauszusetzen sind, diese aber, wenn auch nicht in der Regel, doch sehr oft in der Länge der Zeit ausgeglichen werden können oder doch wenigstens so verschwinden, dass ein günstigeres Resultat sich für das Wachstum eines Volkes ergiebt, empfiehlt es sich, grosse Zeiträume in kleinere zu zerlegen, um zu erkennen, in welchen Zeitabschnitten der ganzen Periode Störungen oder Zunahmen erfolgt sind. Zur Erläuterung mag folgendes Beispiel dienen: In der Provinz Westpreussen vollzog sich die Zunahme in der Periode von 1825—1890 im Verhältnis von 100 : 194,4 (von 737 861 auf 1 433 480) [1]). Die Zunahme war indessen besonders stark in der älteren Zeit. Zerlegt man nämlich den obigen Zeitraum in drei Abschnitte von 1825—1849, 1849—1867 und 1867—1885 (bezw. 1867—1890), so ergiebt sich die grösste Bevölkerungssteigerung im ersten Abschnitte, eine geringere im mittleren und die geringste im letzten. Die Bevölkerung Westpreussens wuchs nämlich von:

1825—1849 von 737 361 auf 1 010 536. also um 37,05 % überh. und 1,32% jährl. n. j. F.,
1849—1867 von 1 010 536 auf 1 268 032, also um 25,48 % überh. und 1,27% jährl. n. j. F., und
1867—1890 von 1 268 032 auf 1 433 480, somit jährl. n. j. F. um 0,48 %.

Die Gesamtbevölkerung des Sachsenlandes betrug:

1765 . . . . 120 860 Seelen
1851 . . . . 178 962 „
1880 . . . . 187 577 „

Es nahm somit das sächsische Element zu von

	jährliche Zunahme	
	n. d. a. B.	n. j. F.
1765—1851 um 58 102 Seelen, in Prozenten	48,07 % 0,56	0,46
von 1881—1880 um 8615 Seelen, in Prozenten	4,75 % 0,17	0,16

Das Wachstum der Bevölkerung stellt sich im ersten grösseren Zeitraum von 86 Jahren nicht unwesentlich günstiger als im zweiten kürzeren von 29 Jahren, nämlich jährlich 0,56 % [n. j. F. 0,46] gegen 0,16 % [n. j. F. 0,15]. Wir können zwar auch dieses Zunahmeprozent keineswegs als besonders günstig bezeichnen, immerhin steht es nicht

---

[1]) Valentin: Westpreussen seit den ersten Jahrzehnten dieses Jahrhunderts in Neumann: Beiträge s. o. 4. Bd., S. 100.

vereinzelt da. So hat z. B. in Württemberg in dem Zeitraum von
1816—1861 die Bevölkerung nur um 0,52 % [n. d. a. B.], in Frankreich (1821—1861) um 0,51 % [n. d. a. B.], im eigentlichen Russland
(1820—1858) jährlich um 0,52 % [n. d. a. B.] zugenommen [1]).
Oskar v. Meltzl hat in seiner mehrfach erwähnten Arbeit, „Statistik
der sächsischen Landbevölkerung in Siebenbürgen", zum Vergleiche
auch die österreichischen Alpenländer, Steiermark, Tirol, Krain und
Kärnthen herangezogen [2]), deren Bevölkerung wie die des Sachsenlandes eine vorwiegend ländliche ist. Auch mit dem Wachstum dieser
Provinzen verglichen, stellt sich das der sächsischen Bevölkerung günstiger. Es betrug die Bevölkerung in den erwähnten Provinzen nämlich in:

	1786	1880
Steiermark . . .	822 040	1 213 597
Tirol u. Vorarlberg	681 631	912 549
Krain	413 316	481 243
Kärnthen . . .	295 118	348 730
zusammen . .	2 212 145	2 956 119

Es wuchs somit die Bevölkerung dieser vier Provinzen Oesterreichs in 94 Jahren um 743 974 Seelen oder um 33,63 %, was eine
jährliche Zunahme von 0,36 %, n. j. F. 0,31 % ergiebt.

An der geringen Zunahme dieser Periode haben vor allem Not-
und Hungerjahre (1817), Pest- und Typhusepidemieen, zum Teil auch
die Napoleonischen Kriege hervorragenden Anteil.

Bedeutend ungünstiger stellen sich die Verhältnisse in den
29 Jahren von 1851—1880. Beträgt doch die jährliche Zunahme in
dieser Zeit nur 0,17 % [n. j. F. 0,16]. Die Ursache hiervon liegt in
den Landgemeinden, von denen 92 in der Seelenzahl zurückgegangen
sind [3]). Die Gründe für diesen Rückgang sind in den Umwälzungen
des sozialen und wirtschaftlichen Lebens zu suchen, die das sächsische
Volk in diesem Zeitraume betroffen haben. „Es war dies die Zeit
des Ueberganges von der Periode der vorwiegenden Naturalwirtschaft
zur modernen Geldwirtschaft, der Befreiung von 72 sächsischen Landgemeinden von der Gutsunterthänigkeit, der Aufhebung des Zehnten,
der Einführung der Gewerbefreiheit, des massenhaften Einströmens
fremder Industrieerzeugnisse auf die sächsischen Märkte, des Verfalles
der einst blühenden sächsischen Gewerbe, wodurch gleichzeitig auch
die Landwirtschaft tief betroffen wurde, die Periode der Einführung
der Eisenbahnen, des modernen Steuerwesens, der Konskription und
der allgemeinen Wehrpflicht, die Periode der stetig wachsenden Be-
dürfnisse, und zwar nicht nur im Haushalt der Privaten, sondern
auch in demjenigen der politischen und Kirchengemeinden, endlich
die Periode des steigenden Luxus, welcher leider auch dem sächsischen
Bauern, namentlich in der Nähe der Städte, nicht unbekannt geblieben
ist. Nirgends sonst ist der Sprung mitten hinein in das moderne
Leben so unvermittelt und rasch geschehen, wie bei dem sächsischen

---

[1]) Brachelli: Die Staaten Europas. 1867. S. 146, 147.
[2]) v. Meltzl a. a. O. S. 232.
[3]) v. Meltzl a. a. O. S. 236.

Volke, nirgends sonst haben sich diese tiefeinschneidenden Ver-
änderungen mit solcher Gleichzeitigkeit vollzogen, wo sie sich in den
kurzen Zeitraum von kaum 20 Jahren zusammendrängten, so dass
diese vollständige Verrückung aller althergebrachten Verhältnisse,
diese Störung alteingelebter Lebensweise eine und dieselbe Generation
durchzumachen gehabt hat" [1]). Zu diesen inneren Gründen kommen
noch Störungen von aussen: der unmittelbar unserer Periode vorher-
gehende Revolutionskrieg des Jahres 1848—1849, die Kriege von 1859
in Italien, 1864 in Holstein, 1866 in Böhmen. Ueberdies trat die
Cholera (1854, 1866, 1873) und die Diphtheritis verheerend auf.

Betrachten wir wie früher die Stadt- und Landbevölkerung ab-
gesondert, so gelangen wir zu folgenden Ergebnissen:

I. Zeitraum von 1765—1851:

	1765	1851	in %	Jährl. Zunahme a. B. in %	n. j. F. in %
Stadtbevölkerung	25 660	34 121	32.97	0,38	0,33
Landbevölkerung	95 200	144 841	52,14	0,61	0,48

Hier zeigt sich die auffallende Erscheinung, dass das Zunahmeprozent der Landbevölkerung ein wesentlich besseres ist, als das der
Städte.

Im einzelnen nahm die Stadtbevölkerung zu:

Städte	1765	1851	in %	Jährl. Zunahme a. B.	n. j. F.
Hermannstadt	6577	8248	25,41	0,30	0,26
Kronstadt	7107	8233	15,84	0,18	0,17
Schässburg	3662	4411	20,45	0.24	0,21
Bistritz	2604	3254	24,96	0,29	0,25
Mediasch . . . : . . .	2089	2799	33,99	0,40	0,34
Sächsisch-Reen	1528	2824	84.82	0,99	0,71
Mühlbach	908	1528	68,28	0,79	0,60
Broos	504	862	71.03	0,83	0,63

Am günstigsten hat sich in dieser Periode das Wachstum der
Stadtbevölkerung entwickelt in

Sächsisch-Reen nämlich jährlich um 0,99 % [0,71 n. j. F.]
Broos   „   „   „   0.83 % [0,63 n. j. F.]
Mühlbach   „   „   „   0,77 % [0,60 n. j. F.]

Es folgen dann: Mediasch, Hermannstadt, Bistritz, Schässburg
und Kronstadt.

---

[1]) v. Meltzl a. a. O. S. 237.

In Broos rührt die Zunahme, wie oben hervorgehoben wurde, von Einwanderungen württembergischer Landleute im Jahre 1846 her.

II. Zeitraum von 1851—1880:

			Jährl. Zunahme a. B. n. j. F.		
	1851	1880	in %	in %	in %
Stadtbevölkerung	34 121	39 605	16,07	0,55	0,51
Landbevölkerung	144 841	148 960	3,53	0,12	0,10

Die Zunahme in dieser Periode zeigt gegen den früheren Zeitraum ein Anwachsen der Stadtbevölkerung und einen Rückgang der Landbevölkerung. Während in der ersten Periode das jährliche Wachstum der Landgemeinden 0,61 % ausmachte, beträgt es in der zweiten Periode nur 0,12 %.

In den Städten zeigte sich für die erste Periode eine jährliche Bevölkerungssteigerung von 0,38 %, sie gestaltet sich in der zweiten Periode günstiger, indem sie 0,55 % aufweist.

Es ist somit der Schluss berechtigt, dass die früher geschilderten Umwälzungen in dieser Periode in erster Linie auf die Landgemeinden eingewirkt haben. Dieselbe Erscheinung einer stetigen Abnahme des Bevölkerungszuwachses zeigt sich im vorzugsweise landwirtschaftlichen Regierungsbezirke Trier (Rheinprovinz) seit 1849 [1]).

Das Anwachsen der sächsischen Städte zeigen folgende Zahlen:

S t ä d t e	1851	1880	in %	Jährl. Zunahme	
				a. B.	n. j. F.
Hermannstadt	8 248	10 384	25,90	0,89	0,79
Kronstadt	8 233	8 444	2,56	0,09	0,08
Schässburg	4 411	4 757	7,84	0,27	0,26
Bistritz	3 254	4 241	30,33	1,05	0,92
Mediasch	2 799	3 306	18,11	0,63	0,58
Sächsisch-Reen	2 824	3 149	11,51	0,40	0,37
Mühlbach	1 528	2 072	35,60	1,23	1.06
Broos	862	988	14,62	0,50	0,47

Nach ihrer jährlichen Prozentualzunahme nehmen die Städte folgenden Rang ein: Mühlbach 1,23, Bistritz 1,05, Hermannstadt 0,89, Mediasch 0,63, Broos 0,50, Sächsisch-Reen 0,40, Schässburg 0,27, Kronstadt 0,09 %. Im Vergleiche mit der früheren Periode zeigen Mühlbach [1,23 gegen 0,79 %], Hermannstadt [0,89 gegen 0,30 %], Bistritz [1,05 gegen 0,29 %], Mediasch [0,63 gegen 0,40 %], Schässburg [0,27 gegen 0,24 %] einen Fortschritt; Sächsich-Reen [0,40 gegen 0,99 %], Broos [0,50 gegen 0,83 %] und Kronstadt [0,09 gegen 0,18 %] einen Rückgang. Der Aufschwung des sächsischen Elementes in den Städten rührt übrigens aus dem ersten Teil dieser Periode

[1]) Markow in Neumann a. a. O. 3. Bd., S. 24.

(1851—1865), also vor der Union Siebenbürgens mit Ungarn, her,
wo der Zuzug vom Lande in die Städte hierbei offenbar mitgewirkt hat[1]).

Die sogen. faktische Zunahme des sächsischen Volkselementes in dem Zeitraume von 1880—1890.

Während in den früheren Perioden nur vereinzelt der Fall vor-
gekommen ist, dass Sachsen in das Ausland zogen, um sich dort eine
Existenz zu gründen, nimmt in dem Zeitraume von 1880—90 die Auswanderung der Sachsen eine im Verhältnis zu ihrer Gesamtzahl nicht
unbedeutende Höhe ein. Dieselbe erstreckt sich nicht auf einzelne,
sondern auf alle Berufskreise. Juristen,·Lehrer, Aerzte, Kaufleute,
Techniker, Gewerbetreibende, Landbauer nehmen Teil an ihr. Sie
geschieht in den meisten Fällen aus Erwerbs- und Nahrungsrücksichten,
weniger aus politischen Gründen, wiewohl gerade in der Zeit von
1880—1890 die politische Notlage, die vielfach gerade den Deutschen
gegenüber zu Tage tretende Missachtung des Rechts auch ins Gewicht
fällt. Die Auswanderung geht hauptsächlich nach zwei Richtungen:
nach dem Nachbarlande Rumänien und nach Amerika.

Ueber erstere, an denen die Städte, wie sich später zeigen wird,
am meisten Teil haben, liegen gar keine sicheren Nachrichten vor,
während wir über die Auswanderung nach Amerika wenigstens über
die letzte Zeit unterrichtet sind. Den Berichten zufolge, welche von
den einzelnen evangel. Pfarrämtern A. B. an die oberste Kirchenbehörde
eingesendet wurden, betrug diese in der Zeit von 1882—90: 903 Seelen,
d. i. 0,46 % der gesamten sächsischen Bevölkerung, ein immerhin
hoher Prozentsatz; betrug doch in der Zeit von 1885—90 das Aus-
wanderungsprozent in Deutschland nur 0,14[2]).

Von diesen 903 Auswanderern waren: 537 Familienväter ohne
Kinder und Frauen, 89 Familienväter mit Kindern und Frauen, 238 Ledige männlichen und 39 Ledige weiblichen Geschlechtes, und zwar
verteilen sich dieselben auf 77 Gemeinden. Letztere sind im folgenden
durch ein dem Namen vorgesetztes Sternchen kenntlich gemacht.

Viele der Auswanderer haben jedoch nicht die Absicht für immer
ihr Vaterland zu verlassen, sind somit nicht ganz für das Sachsentum
verloren, sondern suchen durch Fleiss und Sparsamkeit jenseits des
Meeres so viel zu erwerben, um ihr verschuldetes Hauswesen daheim
wieder schuldenfrei zu machen, um dann in die Heimat zurückzukehren.

Da die letzte Periode von 1880—1890 von besonderem Belange ist
und somit ein detaillierteres Eingehen auch auf die einzelnen Gemeinden
rechtfertigt, geben wir zu diesem Zwecke im nachfolgenden die Einteilung des Sachsenlandes nach den in der Einleitung erwähnten drei
Hauptgruppen. Als Unterabteilung dient die heute noch im Gebrauche
stehende Einteilung in zehn evangel. Kirchenbezirke A. B. Um ein

---

[1]) Zum Vergleiche führe ich hierzu die sächsischen Bevölkerungszahlen der
Städte für das Jahr 1865 an: Hermannstadt 9386, Kronstadt 5346, Schässburg 5001,
Bistritz 4109, Mediasch 3122, Sächsisch-Reen 3061, Mühlbach 1789, Broos
964 Seelen.
[2]) Vierteljahrshefte zur Statistik des Deutschen Reiches, Jahrg. 1892, S. 1, 5.

richtiges Bild von der Grösse der einzelnen Gemeinden zu erhalten, in denen neben dem sächsischen Elemente grösstenteils noch das romänische vorkommt, wird auch die Gesamtbevölkerung der Orte und daneben das sächsische Element in Prozenten der Gesamtbevölkerung besonders hervorgehoben. Ferner wird gleich hier bemerkt, dass Sachsen zerstreut in ganz Siebenbürgen vorkommen, deren Zahl etwa 4000 betragen dürfte, die aber hier nicht berücksichtigt worden sind. Im eigentlichen Sachsenlande verteilte sich die sächsische Bevölkerung auf:

| Kirchenbezirk | Gemeinden | Seelen am | | Zu-nahme | Ab-nahme | Zu-nahme in % | Ab-nahme in % | in % derGesamt-bevölkerung am 31. Dez. 1890. |
		31. Dez. 1880	31. Dez. 1890					
I. Die nördliche Gruppe.								
1. Bistritzer . .	34	22934	23716	782	—	3.40	—	12,13
2. Sächs.·Reen .	11	11258	11768	510	—	4,53	—	6,02
II. Die mittlere (mit Einschluss d. südl. und westl.) Gruppe.								
3. Hermannstädt.	30	30213	31713	1500	—	4,96	—	16,22
4. Mediascher . .	30	20112	20748	636	—	3,16	—	10,61
5. Mühlbacher .	22	14769	16568	1799	—	12,18	—	8,53
6. Schässburger .	32	23048	24135	1087	—	4,71	—	12,35
7. Schelker. . .	30	15377	16868	1491	—	9,69	—	8,63
8. Schenker . .	23	13797	13937	140	--	1,06	—	7,13
9. Repser . . .	13	8721	9015	294	—	3,38	—	4,61
III. Die östliche Gruppe.								
10. Kronstädter .	16	27348	26891	—	457	—	1,67	13,76
	241	187577	195359	8239	457	—	—	—

Die absolute Bevölkerung des evangelischen bezw. sächsischen Volkselementes betrug sonach:

am 31. Dezember 1880 . . . . 187577 Seelen
„ 31. „ 1890 . . . . 195359 „

Demnach ergiebt sich in dem angeführten Zeitraume eine thatsächliche Zunahme von 7782 Seelen, d. i. 4,14 %, also durchschnittlich in einem Jahre 0,41 %.

Die jährliche Zunahme von 0,41% ist keine erhebliche zu nennen; erwägen wir aber, dass wenigstens die Auswanderer nach Amerika für ihre Heimat nicht ganz als verloren, sondern nur als zeitweilig abwesend anzusehen sind, und nehmen wir an, dass etwa die Hälfte zurückkommt, so steigert sich der jährliche Zunahmekoëffizient doch auf 0,61%.

Eine geringere Zunahme als das Sachsentum in Siebenbürgen
haben folgende Provinzen Oesterreichs [1]):

	1880	1890	Zunahme	º/n	j. Z. in º/o
Oberösterreich . . .	759 620	783 576	23 956	3,2	0,32
Kärnten	348 730	360 413	11 683	3,4	0,34
Krain	481 243	498 390	17 147	3,6	0,36
Tirol und Vorarlberg .	912 549	928 920	16 371	1,8	0,18

In Frankreich zeigen eine Zunahme hauptsächlich die Departements, die auch einen bedeutenden Handels- und Gewerbebetrieb
haben, dagegen weisen 55 Departements meist mit Ackerbau treibender
Bevölkerung eine teilweise nicht unbedeutende Abnahme auf.

Der Kronstädter Bezirk allein zeigt eine Abnahme der Bevölkerung, und zwar beträgt dieselbe für die ganze zehnjährige Periode
1,76 º/o, also jährlich 0,17 º/o. Alle übrigen Bezirke zeigen eine Zunahme, und zwar steigt dieselbe von 0,10 º/o (Schenker Kirchenbezirk)
jährlich bis 1,22 º/o (Mühlbächer Kirchenbezirk). K. Albrich fand für
die sechsjährige Periode von 1884—1890 eine Zunahme der sächsischen
Landgemeinden von 2,18 º/o, also eine jährliche Zunahme von 0,36 º/o [2]).

Vergleicht man die jährliche Zunahme der einzelnen Bezirke in
der sechsjährigen Periode von 1884—1890 mit der jährlichen Zunahme
in der zehnjährigen Periode von 1880—1890, so ergeben sich folgende
Zahlen (+ Zunahme, — Abnahme):

Kirchenbezirk	1884—1890	1880—1890
	º/o	º/o
1. Bistritzer	0,18	0,34
2. Sächsisch-Reener	0,29	0,45
3. Hermannstädter	0,33	0.49
4. Mediascher	0,06	0,31
5. Mühlbächer	0,80	1,21
6. Schässburger	0,39	0,47
7. Schelker	0,82	0,96
8. Schenker	— 0,23	+ 0,10
9. Repser	+ 0,00	+ 0,33
10. Kronstädter	— 0,25	— 0,16

Die gesamte sächsische Bevölkerung wohnte in 241 Gemeinden.

---

[1]) Oesterreichische Statistik, herausgegeben von der k. k. statistischen Zentralkommission, 37. Bd., 1892, S. 34.
[2]) Statistisches Jahrbuch der evangel. Landeskirche Augsburger Bekenntnisses
in Siebenbürgen. Herausgeg. vom Landeskonsistorium, VII. Jahrg. Hermannstadt 1891, S. IX.

Sächsische Bevölkerung nach den pfarr-ämtlichen Ausweisen: 1890 — 31. 12. 1880	Gegen das Jahr 1880 mehr	Gegen das Jahr 1880 weniger	Gesamt-bevölke-rung nach der staatl. Volkszäh-lung vom 31. Dez. 1890	Sächs. Be-völkerung in Prozen-ten der Ge-samtbe-völkerung
Mehr als 10000 Seelen zählte 1 Gemeinde.				
1. Hermannstadt . . 10382 gegen 10384	—	2	21465	48,39
Mehr als 5000 Seelen zählte 1 Gemeinde.				
2. Kronstadt . . . . 6158 gegen 7069	—	911	30739	24,55
Mehr als 2000 Seelen wohnten in 11 Gemeinden				
*3. Schässburg ¹) . . . 4956 gegen 4757	199	—	9618	51,54
4. Bistritz . . . . . 4793 „ 4241	552	—	9109	52,62
5. Sächsisch-Reen . . 3032 „ 3149	—	117	6057	50,06
*6. Mediasch . . . . 3024 „ 3306	—	282	6766	44,73
7. Zeiden . . . . . 2803 „ 2716	87	—	4035	69,47
*8. Heltau . . . . . 2629 „ 2759	—	130	3225	81,46
*9. Agnetheln . . . : 2419 „ 2371	48	—	3210	75,36
10. Grossau . . . . . 2140 „ 1805	335	—	2779	79,52
11. Heldsdorf . . . . 2080 „ 1889	191	—	2449	84,93
12. Tartlau . . . . . 2062 „ 2315	—	253	3531	58,40
13. Mühlbach . . . . 2019 „ 2072	—	53	6692	30,17
2000—1000 Seelen zählt. 40 Gemeinden, u. zwar:				
Ueber 1800 Seelen:				
14. Deutsch-Zepling . . 1882 gegen 1675	207	—	1968	95,63
*15. Neppendorf . . . 1823 „ 1607	216	—	2297	79,36
*16. Rosenau . . . . . 1822 „ 1728	94	—	4409	41,32
Ueber 1600 Seelen:				
17. Neustadt (Kronstädter Bezirk) . . . . . 1604 gegen 1447	157	—	2604	61,60
*18. Birthälm . . . . 1602 „ 1600	2	—	2245	71,36
Ueber 1400 Seelen:				
19. Mettersdorf . . . . 1527 gegen 1551	—	24	1635	93,39
20. Botsch . . . . . 1489 „ 1494	—	5	1655	89,97
21. Klausenburg . . . 1470 „ 850	620	—	32756	4,79
22. Lechnitz . . . . . 1434 „ 1416	18	—	1879	76,32
23. Grosspold . . . . 1410 „ 1266	144	—	2066	68,25
Ueber 1200 Seelen:				
24. Hamlesch . . . . 1391 gegen 1208	183	—	1489	93,42
25. Kronst. (Bartholomä) 1388 „ 1275	113	—	s. oben 2	—
*26. Grossschenk . . . 1382 „ 1505	—	123	2544	54,32
*27. Reps . . . . . . 1352 „ 1466	—	114	2775	48,72
*28. Brenndorf . . . . 1345 „ 1467	—	122	2232	60,26
*29. Meschen . . . . . 1290 „ 1098	192	—	1803	71,35
30. Stolzenburg . . . 1252 „ 1039	213	—	2745	45,61

¹) Die Gemeinden, aus welchen Auswanderungen nach Amerika stattgefunden haben, sind hier durch ein Sternchen kenntlich gemacht.

Sächsische Bevölkerung nach den pfarrämtlichen Ausweisen:		Gegen das Jahr 1880		Gesamtbevölkerung nach der staatl. Volkszählung vom 31. Dez. 1890	Sächs. Bevölkerung in Prozenten der Gesamtbevölkerung
1890	31.12.1880	mehr	weniger		
31. Keisd . . . . . . 1 229 gegen 1 213		16	—	2 042	66,19
32. Petersberg . . . . 1 223 „ 1 259		—	36	1 871	65,37
33. Honigberg . . . . 1 221 „ 1 270		—	49	2 147	56,87
34. Petersdorf bei Mühlb. 1 201 „ 1 015		186	—	1 999	60,08
Ueber 1000 Seelen:					
*35. Kleinschelken . . . 1 166 gegen 1 040		126	—	1 804	64,63
*36. Grossalisch . . . . 1 153 „ 1 041		112	—	1 366	84,41
*37. Zendresch . . . . 1 103 „ 1 114		—	11	1 195	92,47
38. Buassen . . . . . 1 099 „ 965		134	—	1 435	76,59
39. Rode . . . . . . 1 094 „ 1 055		39	—	1 296	84,41
40. Marienburg b.Kronst. 1 074 „ 965		109	—	2 212	48,55
41. Teckendorf . . . . 1 070 „ 1 031		39	—	2 274	47,05
42. Birk . . . . . . 1 060 „ 987		73	—	1 726	61,41
*43. Hetzeldorf . . . . 1 058 „ 948		110	—	1 507	70,21
44. Seiden . . . . . 1 057 „ 956		101	—	1 308	80,81
*45. Grossscheuern. . . 1 054 „ 1 004		50	—	1 744	60,44
46. Jaad . . . . . . 1 053 „ 1 094		—	41	1 426	73,84
47. Marpod . . . . . 1 030 „ 946		84	—	1 206	85,41
48. Petersdorf b. Bistritz 1 019 „ 915		104	—	1 157	88,07
*49. Scharosch b.Mediasch 1 017 „ 1 004		13	—	1 448	70,93
*50. Bulkesch . . . . 1 014 „ 764		250	—	1 414	71,71
51. Michelsberg¹) . . . 1 011 „ 922		89	—	958	100
52. Wolkend. b. Kronst. 1 005 „ 930		75	—	1 567	64,14
53. Broos . . . . . . 1 001 „ 988		13	—	5 650	17,72
Ueber 900 Seelen zählten 9 Gemeinden, und zwar:					
*54. Kirchberg . . . . 981 gegen 858		123	—	1 418	69,18
55. St. Georgen . . . 975 „ 911		64	—	1 115	87,44
*56. Grosslasseln . . . 946 „ 907		39	—	1 305	72,49
57. Weidenbach . . . 936 „ 880		56	—	1 448	64,64
58. Treppen . . . . . 934 „ 927		7	—	1 068	87,55
*59. Grosspropstdorf . . 930 „ 842		88	—	815	46,01
60. Deutsch-Tekes. . . 929 „ 874		55	—	1 292	71.92
61. Urwegen . . . . 928 „ 816		112	—	1 700	54,59
*62. Reussmarkt . . . 900 „ 825		75	—	1 820	49,51
Ueber 800 Seelen 12 Gemeinden:					
*63. Kleinscheuern . . . 898 gegen 899		—	1	1 115	80,54
*64. Schönau . . . . 874 „ 743		131	—	1 103	79,24
*65. Gergeschdorf . . . 861 „ 802		59	—	1 215	70,86
66. Nadesch . . . . . 853 „ 807		46	—	1 198	71,20

¹) Die Verschiedenheit zwischen der Zählung nach dem pfarramtlichen Ausweise und der staatlichen Volkszählung ergiebt sich daraus, dass ersterer die in die Gemeinde zuständige, der zweite die am 31. Dezember 1890 ortsanwesende Bevölkerung zählt. Die Gemeinde ist übrigens ganz sächsisch, daher wurden in die letzte Rubrik 100% eingesetzt.

Sächsische Bevölkerung nach den pfarrämtlichen Answeisen:			Gegen das Jahr 1880		Gesamtbevölkerung nach der staatl. Volkszählung vom 31. Dez. 1880	Sächs. Bevölkerung in Prozenten der Gesamtbevölkerung
	1890	31. 12. 1880	mehr	weniger		
*67. Schirkanyen	853 gegen	834	19	—	1 556	55,53
68. Weilau	843 „	771	72	—	930	90,65
*69. Malmkrog	842 „	870	—	28	1 315	64,03
70. Nussbuch	840 „	872	—	32	1 392	60,34
*71. Reichesdorf	831 „	944	—	113	1 159	71,70
*72. Seiburg	816 „	817	—	1	1 316	62,01
73. Burgberg	805 „	820	—	15	1 823	44,15
*74. Frauendorf	800 „	789	11	—	1 355	59,04
Ueber 700 Seelen 17 Gemeinden :						
75. Niedereidisch	786 gegen	728	58	—	864	90,97
76. Blutroth	790 „	722	68	—	1 514	52,18
77. Grosschogen	784 „	733	51	—	1 678	46,72
*78. Martinsberg . . .	782 „	802	—	20	1 158	67,53
79. Fogarasch	778 „	845	—	67	5 861	13,27
*80. Denndorf	770 „	787	—	17	1 275	60,39
81. Oberneudorf	766 „	764	2	—	886	86,46
*82. Mergeln	764 „	717	47	—	1 163	65,61
83. Alzen	762 „	730	32	—	1 870	40,78
*84. Grosskopisch	744 „	709	35	—	1 137	65,44
*85. Waldhütten	742 „	646	96	—	978	75,87
*86. Hamruden	729 „	676	53	—	1 227	59,43
87. Obereidisch	722 „	628	94	—	774	93,28
88. Streitfort	716 „	648	68	—	1 117	64,10
*89. Irmesch	712 „	850	—	138	759	93,83
*90. Bogeschdorf	704 „	689	15	—	983	71,62
*91. Trappold	703 „	668	35	—	1 187	64,28
Ueber 600 Seelen 32 Gemeinden :						
92. Donnersmarkt	699 gegen	684	15	—	1 063	65,76
93. Zuckmantel	688 „	657	31	—	936	73,50
94. Kerz	684 „	612	72	—	996	68,88
*95. Halvelagen	680 „	642	38	—	959	70,91
*96. Wurmloch	679 „	626	53	—	1 200	56,58
*97. Pretai	675 „	613	62	—	1 285	52,53
98. Hammersdorf	674 „	586	88	—	1 377	48,95
*99. Marienburg b. Schässb.	674 „	577	97	—	1 162	58,00
100. Schaas	670 „	622	48	—	1 109	60,41
101. Neudorf bei Schässburg	668 „	657	11	—	948	70,46
102. Deutsch-Kreuz	667 „	620	47	—	983	71,49
103. Kreisch	665 „	590	75·	—	1 241	53,59
104. Dobring	660 „	648	12	—	1 134	58,20
105. Scharosch b. Grossschenk	660 „	635	25	—	1 049	62,92
*106. Marktschelken	655 „	573	82	—	1 604	40,84
107. Talmesch	652 „	549	103	—	773	84,35
108. Peschendorf	651 „	575	76	—	847	76,86
*109. Draas	646 „	648	—	2	959	67,36
110. Weingartskirchen . .	645 „	594	51	—	1 945	33,16
*111. Kleinschenk	644 „	634	10	—	867	74,28

Sächsische Bevölkerung nach den pfarrämtlichen Ausweisen:				Gegen das Jahr 1880			Gesamtbevölkerung nach stantl. Volkszählung vom 31. Dez. 1880	Sächs. Bevölkerung in Prozenten der Gesamtbevölkerung
	1880	31. 12. 1880		mehr	weniger			
*112. Jakobsdorf b. Gr.-Schenk	640	gegen	583	57	—		1 035	61,84
113. Kelling	637	„	558	79	—		1 387	45,93
114. Maldorf	631	„	529	102	—		686	91.98
115. Stein	628	„	564	64	—		1 304	48,16
*116. Bekokten	626	„	609	17	—		1 052	59,51
117. Kleinlasseln	623	„	593	30	—		683	91,21
118. Arkeden	621	„	637	—	16		1 235	50,28
119. Wermesch	617	„	573	44	—		739	83,48
120. Kleinalisch	617	„	560	57	—		618	99.84
121. Scholten	616	„	586	80	—		1 859	33.13
*122. Arbegen	613	„	641	—	28		1 176	53,13
123. Katzendorf	603	„	601	2	—		1 213	49,71
Ueber 500 Seelen 26 Gemeinden:								
124. Heidendorf	592	gegen	646	—	54		659	89,83
*125. Mortesdorf	591	„	604	—	13		716	82.54
126. Csippendorf	587	„	558	29	—		710	82.68
127. Schweischer	582	„	542	40	—		764	76,17
128. Kleinbistritz	580	„	582	—	2		853	68,00
129. Burghalle	578	„	544	34	—		652	88,65
130. Pintak	574	„	588	—	14		686	83,67
*131. Roseln	574	„	533	41	—		988	58,10
*132. Martinsdorf	572	„	570	2	—		650	88,61
*133. Schönberg	568	„	543	20	—		1 142	49,30
134. Leschkirch	558	„	592	—	34		1 061	52,59
135. Langenthal	551	„	507	44	—		1 377	40,01
136. Weisskirch bei Reps	547	„	515	32	—		737	74,21
137. Felldorf	546	„	516	30	—		—	—
*138. Braller	540	„	565	—	25		949	56,90
139. Eibesdorf	529	„	465	64	—		1 154	45,85
140. Wollendorf	526	„	536	—	10		756	69,58
141. Wölz	522	„	462	60	—		1 130	46,19
*142. Meschendorf	519	„	485	34	—		733	70,80
143. Kallesdorf	517	„	481	36	—		835	58,97
144. Waltersdorf	514	„	565	—	51		824	62,38
*145. Nimesch	507	„	443	—	64		537	94,41
146. Huschag	507	„	456	51	—		1 049	48,33
147. Henndorf	505	„	502	3	—		961	52,55
148. Schellenberg	503	„	455	48	—		822	61.19
149. Reussen	500	„	441	59	—		1 005	49,75
Ueber 400 Seelen 31 Gemeinden:								
150. Mehburg	497	gegen	482	15	—		841	59,10
151. Felmern	494	„	427	67	—		1 110	44,44
*152. Abtsdorf bei Mediasch	496	„	447	49	—		895	55,42
153. Leblang	494	„	479	15	—		765	64.53
*154. Maniersch	493	„	508	—	15		525	93,9
155. Neustadt bei Grossschenk	486	„	471	15	—		642	75,70
156. Kyrieleis	479	„	441	38	—		956	50,10

Sächsische Bevölkerung nach den pfarrämtlichen Ausweisen:			Gegen das Jahr 1880		Gesamtbevölke-rung nach der staatl. Volkszählung vom 31. Dez. 1880	Sächs. Be-völkerung in Prozen-ten der Ge-samtbe-völkerung
	1890	31. 12. 1880	mehr	weniger		
157. Reussdorf	478	gegen 414	64	—	495	96,54
158. Rothbach	477	„ 432	45	—	866	55,08
159. Galt	477	„ 464	13	—	1 177	40,53
160. Holzmengen	468	„ 448	20	—	1 009	46,38
161. Pruden	463	„ 421	42	—	526	88,02
162. Dürrbach	462	„ 452	10	—	690	66,96
*163. Hundertbücheln	460	„ 468	—	8	713	64,52
164. Weisskirch bei Bistritz	457	„ 475	—	18	526	86,88
*165. Schaal	456	„ 461	—	5	741	61,54
166. Hahnbach	454	„ 407	47	—	816	55,64
167. Senndorf	446	„ 427	19	—	561	79,50
*168. Durles	437	„ 394	43	—	1 607	27,19
169. Schönbirk	437	„ 449	—	12	511	85,52
*170. Kirtsch	435	„ 360	75	—	1 085	40,09
171. Girelsau	434	„ 446	12	—	963	45,06
172. Bodendorf	434	„ 417	17	—	938	45,20
*173. Rothberg	433	„ 423	10	—	836	51,79
174. Johannisdorf	423	„ 397	26	—	622	68,01
175. Radeln	422	„ 400	22	—	694	60,81
*176. Tartlen	421	„ 444	—	23	920	45,76
177. Passbusch	420	„ 378	42	—	802	52,36
178. Baierdorf	416	„ 430	—	14	457	91,03
179. Windau	415	„ 426	—	11	509	81,53
180. Giesshübel	400	„ 349	51	—	838	47,73

Ueber 300 Seelen 27 Gemeinden:

	1890	31. 12. 1880	mehr	weniger		
181. Rauthal	397	gegen 360	37	—	489	81,19
*182. Buzd bei Mediasch	395	„ 373	22	—	782	50,51
183. Törnen	393	„ 357	36	—	1 175	33,45
*184. Magarei	392	„ 418	—	26	932	42,06
185. Neudorf b.Hermannstadt	380	„ 339	41	—	989	38,42
186. Abtsdorf	380	„ 375	5	—	684	59,94
187. Deutsch-Pian	379	„ 359	20	—	1 602	27,04
*188. Almen	377	„ 342	35	—	569	66,26
189. Belleschdorf	376	„ 371	5	—	591	63,62
*190. Probstdorf	375	„ 355	20	—	815	46,01
191. Seligstadt	373	„ 358	15	—	691	53,98
*192. Kleinprobstdorf	373	„ 344	29	—	466	80,46
193. Jakobsdorf bei Bistritz	373	„ 374	—	1	569	65,55
*194. Neithausen	363	„ 337	26	—	520	69,81
*195. Tobsdorf	362	„ 344	18	—	494	78,95
196. Mönchsdorf	358	„ 395	—	37	804	44,53
197. Billak	355	„ 358	—	3	715	49,37
*198. Dunnesdorf	343	„ 296	47	—	1 467	23,11
199. Rätsch	335	„ 284	51	—	672	49,85
*200. Zied	327	„ 316	11	—	567	57,67
*201. Rohrbach	323	„ 312	11	—	572	56,47
*202. Schlatt	323	„ 313	10	—	575	56,17

Sächsische Bevölkerung nach den pfarrämtlichen Ausweisen:			Gegen das Jahr 1880		Gesamt-bevölke-rung nach der staatl. Volkszäh-lung vom 31. Dez. 1880	Sächs. Be-völkerung in Prozen-ten der Ge-samtbe-völkerung
	1890	31. 12. 1880	mehr	weni-ger		
203. Buzd bei Mühlbach . .	322 gegen	288	34	—	919	35,15
204. Schorsten	321 „	250	71	—	1 230	26,10
205. Mardisch	318 „	296	22	—	571	55,69
206. Michelsdorf bei Schelk	312 „	309	3	—	1 003	31,11
207. Karlsburg	306 „	237	69	—	8 167	3,78
Ueber 200 Seelen 18 Gemeinden:						
208. Minarken	290 gegen	299	—	9	380	76,31
209. Bonnesdorf	289 „	260	29	—	1 730	16,71
210. Grosseidau	289 „	253	36	—	1 056	27,37
211. Retersdorf	264 „	226	38	—	1 049	56,47
*212. Gürteln	260 „	254	6	—	372	69,35
213. Petersdorf bei Schelk .	258 „	242	16	—	375	68,80
214. Hohndorf	248 „	235	13	—	797	31,12
215. Freck	245 „	254	—	9	2 759	8,16
216. Deutsch-Budak . . .	240 „	223	17	—	414	57,97
217. Kastenholz	235 „	224	11	—	556	42,27
218. Runes	229 „	199	30	—	1 673	19,66
219. Thalheim	225 „	197	28	—	430	52,33
220. Kleinblasendorf . . .	217 „	169	48	—	1 490	14,56
221. Klosdorf	216 „	220	—	4	359	60,17
222. Wolkendorf b. Schässb.	214 „	202	12	—	248	86,69
223. Ungersdorf	202 „	207	—	5	1 018	19,84
224. Werd	201 „	204	—	3	660	30,45
225. Enyed	200 „	229	—	29	5 932	3,37
Ueber 100 Seelen 9 Gemeinden:						
226. Rosch	198 gegen	185	13	—	526	37,64
227. Bell	195 „	184	11	—	1 032	18,89
228. Moritzdorf	185 „	153	32	—	411	45,01
229. Taterloch	185 „	173	12	—	956	19,35
*230. Felsendorf	183 „	161	22	—	292	62,67
231. Ludwigsdorf	165 „	164	1	—	840	19,64
232. Tatsch	155 „	119	36	—	444	34,90
233. Michelsdorf	113 „	111	2	—	665	16,9
234. Wasseid	104 „	88	16	—	546	17,21
Unter 100 Seelen 7 Gemeinden:						
235. Schmiegen	94 gegen	84	10	—	743	12,65
236. Torda	91 „	103	—	12	11 079	0,83
237. Engenthal	89 „	84	5	—	275	32,36
238. Puschendorf	87 „	90	—	3	516	16,86
239. Niederneudorf	76 „	81	—	5	945	8,04
*240. Bürgesch	75 „	57	18	—	1 021	7,35
241. Jakobsdorf bei Mediasch	41 „	33	8	—	347	11,81

Von sämtlichen 241 Gemeinden zeigen 58 (einschliesslich der Städte) einen Rückgang des Deutschtums. Dagegen lässt sich in 183 Ortschaften ein Zuwachs verzeichnen.

Die Abnahme betrug von 1880—1890 in den 58 Gemeinden 3 277 Seelen
Der Zuwachs „ „ „ „ „ „ 183 „ 11 902 „

Eine Abnahme über 1 % jährlich findet sich jedoch nur in 7 Orten, und zwar in:

Periode 1880—1890	abgenommen	jährl. %
*1. Irmesch	138	1,62
2. Kronstadt (Stadt)	911	1.28
*3. Enyed (Strassburg)	29	1,26
*4. Nimesch	64	1,26
*5. Reichesdorf	113	1.16
6. Torda	12	1,16
7. Tartlau	253	1,09

Bei Reichesdorf, Nimesch und Kronstadt hat die Auswanderung die Abnahme hervorgerufen.

Ueber 0,50 % Verlust der deutschen Bevölkerung lässt sich an 10 Orten nachweisen, von denen die Hälfte ebenfalls zu denen zählt, welche Auswanderer nach Amerika abgegeben haben.

Betrachten wir die Städte und Landgemeinden für sich, so zeigt sich, dass die Städte an der ganzen Abnahme von 0,58 % jährlich mit 0,27 % teil haben, mithin im Verhältnis zu ihrer deutschen Einwohnerzahl gegenüber der der Landgemeinden den grösseren Teil der Abnahme für sich in Anspruch nehmen.

Im einzelnen gestaltet sich Ab- und Zunahme in den sächsischen Städten im letzten Zeitraume von 1880—1890 also:

S t ä d t e	1880	1890	Zunahme (+) jährlich Zu- Abnahme (-) in der Zeit von 1880—1890 in %	und Abnahme in der Zeit von 1880—1890 in %
Hermannstadt	10 384	10 382	0,02	0,002
Kronstadt mit Bartholomä	8 444	7 546	— 10,64	— 1,06
Schässburg	4 757	4 956	+ 1,18	+ 0,41
Bistritz	4 241	4 793	· 13,02	+ 1,30
Mediasch	3 306	3 024	- 8,53	— 0,85
Sächsisch-Reen	3 149	3 032	· 3,72	— 0,37
Mühlbach	2 072	2 019	— 2,56	— 0,25
Broos	988	1 001	+ 1,32	+ 0,13

Günstiger als in der früheren Periode von 1851—1880 stehen:

	1880—1890:	1851—1880:
Schässburg . . .	0,42 % (a. B.)	0,27 % jährl. (a. B.)
Bistritz	1,32 „ „ -	1,05 „ „ „ -

Ungünstiger als früher, ohne jedoch eine Abnahme zu zeigen, steht in der letzten Periode von 1880—1890 Broos. Die jährliche Zunahme daselbst beträgt 0,13 %, während sie in der früheren, von 1851—1880, 0,58 % jährlich ausmachte.

Eine kleine Abnahme stellt sich bei Hermannstadt ein, über 1 % bei Kronstadt, unter 1 % bei Mediasch, Sächsisch-Reen und Mühlbach.

Vergleichen wir das Wachstum beziehentlich den Rückgang der Städte in der letzten Periode mit dem früheren, so stellt sich folgendes Ergebnis heraus:

1765—1851	Zunahme	0,38 % (a. B.)
1851—1880	„	0,55 „ „ „
1880—1890	„	0,24 „ „ „

Einen Anlauf zum Aufblühen des sächsischen Elementes machen die sächsischen Städte in der zweiten Periode und zwar, wie früher bemerkt wurde, in ihrem ersten Teile; seit dieser Zeit ist das Leben für den sächsischen Gewerbsmann in den Städten immer schwerer geworden. Er hat im Konkurrenzkampfe, der von allen Seiten auf ihn anstürmt, nicht gesiegt. Dazu kommt noch, dass einzelne Gewerbe und Industriezweige, welche immer in den Händen der Sachsen waren, seit der Mitte der achtziger Jahre, wo der Zollkrieg der österreichisch-ungarischen Monarchie mit Rumänien begann, fast ganz zu Grunde gegangen sind und der sächsische Gewerbsmann die Auswanderung nach dem benachbarten Staate Rumänien, wo er sein Handwerk mit Aussicht auf Gewinn ausüben kann, wo er überdies bedeutende Unterstützungen durch die rumänische Regierung, die ihr Land auf jede Weise in gewerblicher wie industrieller Beziehung auf eigene Füsse stellen und vom Auslande frei machen will [1]), dem Leben in der alten Heimat vorzieht, da er in dieser in absehbarer Zeit nicht mehr auf eine ihn erhaltende Arbeit rechnen zu können glaubt.

Besser als in der früheren gestaltet sich das Wachstum der sächsischen Landgemeinden in der letzten Periode. Es beträgt nämlich 8796 Seelen, d. i. 5,9 % oder jährlich 0,59 %. Mit den beiden früheren Zeiträumen verglichen, zeigt sich ein günstigeres Ergebnis in Bezug auf die zweite (jährliche Zunahme 0,12 %), ein ungünstigeres in Bezug auf die erste (jährliche Zunahme 0,61 %). Einen Rückgang von mehr als 1 % finden wir nur in 4 Landgemeinden.

---

[1]) Vgl. Gesetz zur Hebung der Nationalindustrie in Rumänien. Kundgemacht im amtlichen Monitor vom 12.—24. Mai 1887, ins Deutsche übersetzt von Dr. Boroschnay: Das rumänische Handelsgesetzbuch vom Jahre 1887. Bukarest 1887. Verlag von Thiele und Weiss.

Es sind dies Irmesch, Reichesdorf, Tartlau und Nimesch. Prof. Meltzl hat für den Zeitraum von 1873—1883 in seiner früher erwähnten Arbeit bei 8 Landgemeinden einen Rückgang über 1 % nachgewiesen, und zwar in Ludwigsdorf, Werd, Felmern, Dürrbach, Burghalle, Rumes, Niedereidisch und Moritzdorf[1]). Alle diese Orte zeigen in unserer Periode entweder gar keine Abnahme oder nur eine geringere als 1 %. Die Ursache des Rückganges in diesen 8 Orten war somit vorübergehender Natur.

Ueber 0,50 % nahmen folgende 10 Gemeinden ab:

Periode 1880—1890	Abgenommen um Seelen	Jährl. Abnahme in %
Mönchsdorf	37	0,94
Waltersdorf	51	0,90
*Brenndorf	122	0,83
*Grossschenk	123	0,82
Heidendorf	54	0.82
*Reps	114	0.78
Magarei	26	0.62
Niederneudorf	5	0.61
Leschkirch	34	0,57
*Tarteln	23	0,52

Bedeutend grösser als die Zahl derjenigen Gemeinden, welche im letzten Zeitraum einen Rückschritt im Deutschtum gemacht hat, ist diejenige, die ein Wachstum verzeichnet.

Es haben nämlich um mehr als 1 % jährlich 71 Gemeinden mit Einschluss der beiden nicht deutschen Charakter tragenden Städte Klausenburg und Karlsburg zugenommen.

Diese Gemeinden sind:

Periode 1880—1890	Zunahme	Jährl. Zunahme in %
1. Klausenburg	620	7,2
*2. Bulkesch	250	3,2
*3. Bürgesch	18	3,1
4. Tatsch	36	3,0
5. Karlsburg	69	2.9
6. Kleinblasendorf	48	2,8
7. Schorsten	71	2.8

[1]) v. Meltzl a. a. O. S. 240.

	1880—1890	
Periode 1880—1890	Zunahme	Jährl. Zunahme in %
8. Jakobsdorf bei Mediasch	8	2,4
*9. Kirtsch	75	2,0
10. Moritzdorf	32	2,0
11. Stolzenburg	213	2,0
12. Maldorf	102	1,9
13. Talmesch	103	1,9
14. Wassid	16	1,8
15. Grossau	335	1,8
*16. Schönau	131	1,8
17. Rätsch	51	1,7
18. Marienburg bei Schässburg	97	1,7
*19. Meschen	192	1,7
20. Felmern	69	1,6
21. Retersdorf	38	1,6
22. Reussdorf	64	1,5
23. Rumes	30	1,5
24. Hamlesch	183	1,5
25. Hammersdorf	88	1,5
26. Bussd bei Mühlbach	34	1,5
27. Dunnesdorf	47	1,5
28. Baassen	134	1,4
29. Waldhütten	96	1,4
*30. Kirchberg	123	1,4
31. Thalheim	28	1,4
32. Grosseidau	36	1,4
33. Giesshübel	51	1,4
34. Scholten	80	1,4
35. Kelling	79	1,4
*36. Marktschelken	82	1,4
*37. Neppendorf	216	1,3
38. Urwegen	112	1,3
*39. Felsendorf	22	1,3
40. Reussen	59	1,3
41. Wölz	60	1,3
42. Eibesdorf	64	1,3
43. Deutsch-Zepling	207	1,2
44. Neudorf bei Hermannstadt	41	1,2
45. Kreisch	75	1,2
46. Kleinschelken	126	1,2
47. Grosspold	144	1,1
48. Petersdorf	104	1,1
49. Kerz	72	1,1
50. Hetzeldorf	110	1,1
51. Marienburg bei Kronstadt	109	1,1
52. Haschag	51	1,1
53. Stein	64	1,1
54. Passbusch	42	1,1
55. Hahnbach	47	1,1
56. Jakobsdorf bei Grossschenk	57	1,1
57. Schmiegen	10	1,1
58. Bonnesdorf	29	1,1

Periode 1880—1890	1880—1890	
	Zunahme	jährl. Zunahme in °/₀
59. Abtsdorf bei Mediasch	49	1,1
60. Grossalisch	112	1,1
61. Schellenberg	48	1,1
62. Seiden	101	1,0
63. Grosspropstdorf	88	1,0
64. Streitfort	68	1,0
65. Rothbach	45	1,0
*66. Pretai	62	1,0
*67. Almen	35	1,0
68. Rauthal	37	1,0
69. Kleinalisch	57	1,0
70. Törnen	36	1,0
71. Grossscheuern	50	1,0

Fassen wir das Resultat unserer Untersuchungen kurz zusammen, so ergiebt sich bezüglich der sächsischen Gesamtbevölkerung eine aus früher erörterten Gründen langsame, jedoch nicht vereinzelt dastehende Zunahme. Dasselbe gilt für die Landgemeinden. Bezüglich der Städte mit vorwiegend deutschem Charakter zeigt sich eine nicht ganz unwesentliche, durch Auswanderung veranlasste Abnahme des deutschen Elementes, über deren zu- oder abnehmende Tendenz für die Zukunft kein Schluss gemacht werden kann, doch kann deshalb immerhin auch heute noch die Behauptung Meltzls [1]) als vollkommen zu Recht bestehend angesehen werden: dass hinsichtlich des Bestandes der Sachsen in Siebenbürgen, was ihre Propagationsfähigkeit anbelangt, keine Ursachen zu Besorgnissen vorliegen.

---

[1]) v. Meltzl a. a. O. S. 244.

Geographischer Verlag von **J. ENGELHORN** in Stuttgart.

Anleitung

zur

Deutschen Landes- und Volksforschung.

Bearbeitet von

**A. Penck, G. Becker, M. Eschenhagen, R. Assmann,
O. Drude, W. Marshall, O. Zacharias, J. Ranke, F. Kauffmann,
U. Jahn, A. Meitzen, W. Götz.**

Im Auftrag der

Centralkommission für wissenschaftliche Landeskunde von Deutschland

herausgegeben von

Alfred Kirchhoff.

Mit einer Karte und 58 Abbildungen im Text.

Preis M. 16. —

Bibliothek

Geographischer Handbücher.

Herausgegeben von

Prof. Dr. Friedrich Ratzel in Leipzig.

Anthropogeographie

oder

Grundzüge der Anwendung der Erdkunde auf die Geschichte

von

Dr. Friedrich Ratzel,

Professor der Geographie an der Universität Leipzig.

Preis Mark 10. —

Anthropogeographie.

Zweiter Teil:

Die geographische Verbreitung des Menschen

von

Dr. Friedrich Ratzel.

Preis Mark 18. —

Handbuch der Klimatologie

von

Dr. Julius Hann.

Direktor der meteorol. Centralanstalt und Professor an der Universität in Wien.

Preis Mark 15. —

Handbuch der Ozeanographie

von

Prof. Dr. G. von Boguslawski, und   **Dr. Otto Krümmel,**

ehem. Sektionsvorstand im Hydrographischen Amt der Kais.   Professor an der Universität und Lehrer an der Marine-
deutschen Admiralität in Berlin.   Akademie in Kiel.

Band I. **Räumliche, physikalische und chemische Beschaffenheit der Ozeane.**
Von **Dr. Georg von Boguslawski.** Preis M. 8. 50.

Band II. **Die Bewegungsformen des Meeres.** Von **Dr. Otto Krümmel.** Preis M. 15.—

Handbuch der Gletscherkunde
von
Dr. Albert Heim,
Professor der Geologie am Schweizerischen Polytechnikum und der Universität in Zürich.
Preis Mark 13.50.

Allgemeine Geologie
von
Dr. Karl von Fritsch,
Professor an der Universität in Halle.
Preis Mark 14. —

Handbuch der mathematischen Geographie
von
Dr. Siegmund Günther,
Professor an der technischen Hochschule in München.
Preis Mark 16. —

Handbuch der Pflanzengeographie
von
Dr. Oscar Drude,
Professor der Botanik an der techn. Hochschule u. Direktor des Kgl. Botan. Gartens zu Dresden.
Preis Mark 14. —

Morphologie der Erdoberfläche
von
Dr. Albrecht Penck,
Professor der Geographie an der Universität Wien.
Preis Mark 32. —

Handbücher
zur
Deutschen Landes- und Volkskunde.
Herausgegeben von der
Centralkommission für wissenschaftliche Landeskunde von Deutschland.
Band I.
Geologie von Deutschland und den angrenzenden Gebieten
von Dr. Richard Lepsius,
Professor an der technischen Hochschule, Direktor der geologischen Landesanstalt zu Darmstadt.
I. Band: **Das südliche und westliche Deutschland.**
1. Lief. Preis M. 11.50. — 2. Lief. Preis M. 7. — 3. Lief. Preis M. 14. —
Band III.
Die Gletscher der Ostalpen.
Von Dr. Eduard Richter,
ord. Professor der Geographie an der Universität Graz.
Preis M. 12. —